中华文化风采录

历来古景风采

古时的书院

陈 璞 编著

北方妇女儿童出版社
·长春·

版权所有　侵权必究

图书在版编目(CIP)数据

古时的书院 / 陈璞编著. —长春：北方妇女儿童出版社，2017.4（2022.8重印）

（历来古景风采）

ISBN 978-7-5585-0932-2

Ⅰ. ①古… Ⅱ. ①陈… Ⅲ. ①书院－介绍－中国－古代 Ⅳ. ①G649.299

中国版本图书馆CIP数据核字(2017)第050744号

古时的书院

GUSHI DE SHUYUAN

出 版 人	师晓晖
责任编辑	吴　桐
开　　本	700mm×1000mm　1/16
印　　张	6
字　　数	85千字
版　　次	2017年4月第1版
印　　次	2022年8月第3次印刷
印　　刷	永清县晔盛亚胶印有限公司
出　　版	北方妇女儿童出版社
发　　行	北方妇女儿童出版社
地　　址	长春市福祉大路5788号
电　　话	总编办：0431-81629600

定　价　36.00元

序言

习近平总书记说："提高国家文化软实力，要努力展示中华文化独特魅力。在5000多年文明发展进程中，中华民族创造了博大精深的灿烂文化，要使中华民族最基本的文化基因与当代文化相适应、与现代社会相协调，以人们喜闻乐见、具有广泛参与性的方式推广开来，把跨越时空、超越国度、富有永恒魅力、具有当代价值的文化精神弘扬起来，把继承传统优秀文化又弘扬时代精神、立足本国又面向世界的当代中国文化创新成果传播出去。"

为此，党和政府十分重视优秀的先进的文化建设，特别是随着经济的腾飞，提出了中华文化伟大复兴的号召。当然，要实现中华文化伟大复兴，首先要站在传统文化前沿，薪火相传，一脉相承，弘扬和发展5000多年来优秀的、光明的、先进的、科学的、文明的和自豪的文化，融合古今中外一切文化精华，构建具有中国特色的现代民族文化，向世界和未来展示中华民族具有独特魅力的文化风采。

中华文化就是中华民族及其祖先所创造的、为中华民族世世代代所继承发展的、具有鲜明民族特色而内涵博大精深的优良传统文化，历史十分悠久，流传非常广泛，在世界上拥有巨大的影响力，是世界上唯一绵延不绝而从没中断的古老文化，并始终充满了生机与活力。

浩浩历史长河，熊熊文明薪火，中华文化源远流长，滚滚黄河、滔滔长江是最直接的源头，这两大文化浪涛经过千百年冲刷洗礼和不断交流、融合以及沉淀，最终形成了求同存异、兼收并蓄的辉煌灿烂的中华文明。

中华文化曾是东方文化的摇篮，也是推动整个世界始终发展的动力。早在500年前，中华文化催生了欧洲文艺复兴运动和地理大发现。在200年前，中华文化推动了欧洲启蒙运动和现代思想。中国四大发明先后传到西方，对于促进西方工业社会形成和发展曾起到了重要作用。中国文化最具博大性和包容性，所以世界各国都已经掀起中国文化热。

中华文化的力量，已经深深熔铸到我们的生命力、创造力和凝聚力中，是我们民族的基因。中华民族的精神，也已深深根植于绵延数千年的优秀文化传统之中，是我们的精神家园。但是，当我们为中华文化而自豪时，也要正视其在近代衰微的历史。相对于5000年的灿烂文化来说，这仅仅是短暂的低潮，是喷薄前的力量积聚。

中国文化博大精深，是中华各族人民5000多年来创造、传承下来的物质文明和精神文明的总和，其内容包罗万象，浩若星汉，具有很强的文化纵深感，蕴含丰富的宝藏。传承和弘扬优秀民族文化传统，保护民族文化遗产，已经受到社会各界重视。这不但对中华民族复兴大业具有深远意义，而且对人类文化多样性保护也是重要贡献。

特别是我国经过伟大的改革开放，已经开始崛起与复兴。但文化是立国之根，大国崛起最终体现在文化的繁荣发展上。特别是当今我国走大国和平崛起之路的过程，必然也是我国文化实现伟大复兴的过程。随着中国文化的软实力增强，能够有力加快我们融入世界的步伐，推动我们为人类进步做出更大贡献。

为此，在有关部门和专家指导下，我们搜集、整理了大量古今资料和最新研究成果，特别编撰了本套图书。主要包括传统建筑艺术、千秋圣殿奇观、历来古景风采、古老历史遗产、昔日瑰宝工艺、绝美自然风景、丰富民俗文化、美好生活品质、国粹书画魅力、浩瀚经典宝库等，充分显示了中华民族厚重的文化底蕴和强大的民族凝聚力，具有极强的系统性、广博性和规模性。

本套图书全景展现，包罗万象；故事讲述，语言通俗；图文并茂，形象直观；古风古雅，格调温馨，具有很强的可读性、欣赏性和知识性，能够让广大读者全面触摸和感受中国文化的内涵与魅力，增强民族自尊心和文化自豪感，并能很好地继承和弘扬中国文化，创造未来中国特色的先进民族文化，引领中华民族走向伟大复兴，在未来世界的舞台上，在中华复兴的绚丽之梦里，展现出龙飞凤舞的独特魅力。

目录

第一书院——白鹿洞书院

李渤开创白鹿洞书院先河　002
朱熹对白鹿洞书院的复兴　009
书院的兴衰和办学特色　018

千年学府——岳麓书院

026　麓山寺奠定的文化底蕴
030　北宋时闻名的岳麓书院
037　学院的繁盛和学制变革
044　行之有效的教育体制
053　书院建筑的独到之处

目 录

唯楚有材——石鼓书院

060　后人承先祖遗志创办书院
066　书院"王湛之学"的传播
070　发展成讲学式书院的楷模

千年书声——应天书院

076　杨悫与戚同文建南都学舍
080　范仲淹执教书院的影响

第一书院 白鹿洞书院

　　白鹿洞书院位于江西白鹿镇。始建于南唐,唐末著名学者李渤早年在此读书时曾饲养一头白鹿,所以称白鹿洞书院。后来又设有庐山国学,亦称白鹿国学、匡山国子监,与金陵国子监齐名。

　　宋代理学大师朱熹在白鹿洞书院讲学时,书院达到鼎盛时期,与岳麓书院、应天书院、嵩阳书院并称"四大书院"。后又与吉安白鹭洲书院、铅山的鹅湖书院、南昌的豫章书院并称为"江西四大书院"。白鹿洞书院有"海内第一书院"的称誉,是我国历史上第一所教学内容和教学设施较为完备的书院。

李渤开创白鹿洞书院先河

在我国的唐朝贞元年间,有一位名叫李渤的诗人,住在五老峰东南麓的一个山洞里隐居读书,整整两年都未离开过山洞一步。

相传有一天,五老峰巅的一群神鹿足踏祥云,敬仰地俯视着李渤

白鹿洞书院正门

白鹿洞书院古建筑

晨读。李渤日夜攻读的刻苦精神,感动了神鹿群中的一只白鹿,为了陪伴李渤读书,白鹿飞下了云端,来到他的身边,成了他形影不离的好伙伴。

黎明,白鹿引颈长鸣,唤醒李渤离开山洞,迎着朝霞读书。夜晚,山风习习,白鹿衔过一件长袍,轻轻给他披上御寒。深夜,李渤疲惫地伏案而睡,白鹿只身奔进深山,衔来山参送到书案之上,给他滋补身体。

有一次,李渤躺在山岩上读书,渐渐地,他掩着书睡熟了。这时,乌云滚滚,山雨欲来。白鹿见此情形,立即一声鸣叫,唤来了五老峰头的鹿群,这些鹿一起簇拥着李渤,为他挡风遮雨。

李渤醒来之后,发现了被雨水淋湿的白鹿,他一下子就明白过来了,他抱着白鹿,流下了感动的热泪。从此,他与白鹿之间的感情更加深厚了。

为了让李渤专心读书,白鹿还主动承担起为他购买纸墨笔砚、日常生活用品等事情。只要李渤将钱与所购物品的清单放在袋子里,挂

笔墨纸砚 我国独有的文书工具，即文房四宝。笔、墨、纸、砚之名，起源于南北朝时期。历史上，"笔、墨、纸、砚"所指之物屡有变化。在南唐时，"笔、墨、纸、砚"特指诸葛笔、徽州李廷圭墨、澄心堂纸，自宋朝以来"笔、墨、纸、砚"则特指湖笔、徽墨、宣纸和端砚。

在鹿角上，白鹿就从洞里出发，通过松林中的小径，跑到落星湖畔的小镇里，将李渤要买的书、笔墨纸砚等东西如数地购回。每次白鹿到小镇里买东西时，镇上的人们都会好奇地看着它，都夸它是一只了不起的神鹿。

后来，李渤参加科举考试，金榜题名，当上了江州刺史。他为了感谢多年来白鹿对自己的照顾，再次到洞中去寻找白鹿，可是白鹿早已腾云驾雾，返回天庭了。

为了纪念白鹿，李渤就将当年读书的山洞，改名为白鹿洞，并在此修楼建亭，疏引山泉，种植花木，增设台榭、宅舍、书院，开创了白鹿洞书院的先河。自此，白鹿洞名重一时，成为四方文人往还之地，人们游览美景的一处佳境。

822年，白居易出任杭州刺史，途经九江，见到

■ 白鹿洞书院

了李渤。这是他们在九江唯一的一次会面，两位诗人倍感亲切，思绪万千。

白居易赠李渤诗两首，并作注云"元和末，余与李员外同日黜官，今又相次出为刺史"。其中，白居易在《赠江州李十使君员外十二韵》一诗中写道：

> 长短才虽异，荣枯事略均。
> 殷勤李员外，不合不相亲。

此次九江之行，白居易到庐山草堂住了一宿，并用调侃的口气告诉李渤："君家白鹿洞，闻道已生苔。"道出了两人在仕与隐之间的矛盾与彷徨。

李渤在九江任刺史两年，勤政爱民。他上任不久，发现朝廷管理财政的官员张叔平不顾百姓的疾苦，竟奏征贞元二年逃户欠款4410贯。

他体察下情，为民请命，立即上书陈奏"江州管田二千一百九十七顷，今年已旱死一千九百多顷"，还要征收36年前的拖欠，黎民百姓实在负担不了，并在书中表示，如不准奏，"臣既上不副圣情，下不忍鞭笞黎庶，不敢轻持符印，特乞放臣归田。"

在李渤的恳切请求下，朝廷才下旨：

> 江州所奏，实为诚恳，若不蠲容，实难存济，所诉逋欠并放。

■ 白居易（772~846），字乐天，号香山居士，又号醉吟先生，祖籍山西太原，其曾祖父迁居下邽，其祖父白湟又迁居河南新郑。他是唐代伟大的现实主义诗人，唐代三大诗人之一。白居易与元稹共同倡导新乐府运动，世称"元白"，与刘禹锡并称"刘白"。白居易的诗歌题材广泛，形式多样，语言平易通俗，有"诗魔"和"诗王"之称。

■ 白鹿洞书院崇德祠

在江州官署城南有一南湖，面积约80公顷，东抵北风嘴，西连龙开河，南接山川岭，北依浔阳城。由于湖面宽阔，南来北往行人诸多不便。

李渤为了方便行人，于是组织人力在湖中筑堤。建好的堤长七百步，南连山川岭，北接城池的南门口，沟通南北，往来称便。堤上还建桥安闸，控制和调节水位，兼有灌溉农田之利。后人为感谢刺史李渤，将新建的堤命名李公堤，外湖名甘棠湖，桥名思贤桥。

唐朝末年，兵荒马乱，各地学校多有毁损。所以，到庐山隐居、避难的读书人常到白鹿洞研讨学问，交流心得。

940年，南唐朝廷在李渤隐居的白鹿洞建立学馆，称"庐山国学"，又称"白鹿国学"，置田藏书，由金陵国子监九经教授李善道担任白鹿洞洞主，

刺史 我国古代官职名。汉初，文帝以御史多失职，命丞相另派人员出刺各地，不常置。刺史要负责巡行郡县，分全国为十三部，各置部刺史一人，后通称刺史。刺史制度在西汉中后期得到发展，对维护皇权，澄清吏治，促使昭宣中兴局面的形成起了积极的作用。

掌管教育和学习。南唐中主李璟在未即位之前也曾在白鹿洞读书，后来当了皇帝，就把这里设为书院。

庐山国学与当时南京国子监齐名，为官办学院。从此，四方学子慕名而来。

976年，南唐亡，九江百姓遭受兵马之灾，庐山国学随之成为废墟。至北宋初期，各地增设书院，庐山国学乃改称白鹿洞书院，从此，规模逐步扩大。

977年，江州知州周述将白鹿洞书院办学情况上奏朝廷，宋太宗赵光义随即诏令将国子监刻印的《诗》《书》《易》和《礼记》《仪礼》《周礼》《左传》《公羊传》《穀梁传》这"九经"颁赐给白鹿洞书院。

赵光义的这一诏令，奠定了白鹿洞书院的重要地位，书院随即声名远播，来此求学的人络绎不绝，当时与岳麓、睢阳、石鼓等书院，并称为天下四大书

> **朝廷** 帝王接见大臣和处理政务的地方，所谓朝廷分为"内廷"和宰相为首的"外廷"两部分。在汉武帝之前，内廷在政治生活中起的作用很少，仅仅负责皇家内部事务，以及照料皇帝及其家族的起居。

■ 白鹿洞书院

白鹿洞书院万世师表牌

院。书院殿阁巍峨，亭榭错落，师生云集，俨如市镇。

980年，白鹿洞洞主明起到蔡州褒信县任主簿。书院因无人主持，逐渐废弃。

1001年，宋真宗赵恒下令给全国各地学校、书院发送国子监印本经书，并修缮孔子庙堂。有了皇上的诏令，白鹿洞书院得以重新修葺，并重塑了孔子及弟子的画像，师徒们从此也有了祭祀圣人的专门场所。

北宋末年，金兵南下，战争频繁，烽火连天。1054年，白鹿洞书院毁于兵火。其间，书院赖以生存的耕地被收回，书院无法继续提供膳食，于是学生们纷纷离去，校舍逐渐倒塌，不久书院停办。

自北宋末年到南宋初期，白鹿洞书院荒废了120多年。

阅读链接

白鹿洞书院建成之后，历代都有文人前来吟诗作赋。其中，唐末五代十国著名诗人王贞白的一首写自己读书生活的诗，也是一首惜时诗："读书不觉已春深，一寸光阴一寸金。不是道人来引笑，周情孔思正追寻。"诗中"一寸光阴一寸金"是诗人由第一句叙事自然引发出来的感悟，也是诗人给后人留下的不朽格言，千百年来一直勉励人们，特别是读书人珍惜时间、注重知识积累，不断充实和丰富自己。

朱熹对白鹿洞书院的复兴

那是在1179年的南宋,朱熹走马上任南康军事。辗转数月,朱熹在三月三十日这天到任。十月十五日下元节他来到白鹿洞故址,眼见书院荒凉的景象,不禁感慨万千。但书院的周边环境令朱熹欣喜不已,"观其四面山水,清邃环合,无市井之喧,有泉石之胜,真群居讲学、遁迹著书之所。"他随即决定对书院加以修复。朱熹一面分派军学教授、星子知县等人筹措兴复诸事,同时又将自己复兴书院的设想上奏朝廷。

■朱熹(1130~1200),小名沈郎,小字季延,字元晦,一字仲晦,号晦庵,晚称晦翁,又称紫阳先生、考亭先生、沧州病叟、云谷老人、逆翁,谥文称朱文公。南宋著名理学家、思想家、哲学家、教育家、诗人、闽学派的代表人物,世称朱子,是孔子、孟子以来最杰出的弘扬儒学的大师。

此时的白鹿洞书院，原来的建筑早已无存，仅余瓦砾榛荆，茂草荒丘。尽管南康正遭旱灾，财政困难，但朱熹还是集资筹款，建起了屋宇20余间。第二年，书院初步修复。朱熹主持祭祀先圣先贤的开学典礼，升堂讲学，并写下了《次卜掌书落成白鹿佳句》：

重营旧馆喜初成，要共群贤听鹿鸣。
三爵何妨莫蘋藻，一编讵敢议明诚。
深源定自闲中得，妙用元从乐处生。
莫问无穷庵外事，此心聊与此山盟。

在主持白鹿洞书院期间，朱熹很注意学田的设置，认为"这是维持书院的久远之计"。他制订了购田计划，筹集了一部分购田资金。

为了充实图书，朱熹还发文，向各地征集书籍，甚至连结识未久的陆游也成为他求书的对象。

朱熹主持书院时，还制定了一套详细的藏书管理制度，设有"管

■朱熹讲学场景

■ 朱熹雕塑

干"一职，专门对书籍进行日常管理。至于大规模的校勘、清理、曝晒等工作，就临时由山长组织人员进行。晒书一般是在每年的农历六月初一、十五。

当时，岳麓书院只有学生10余人。朱熹在总结前人办学所订的规制以及禅林清规等经验的基础上，制定了《白鹿洞书院揭示》：

　　父子有亲。君臣有义。夫妇有别。长幼有序。朋友有信。
　　右五教之目。尧、舜使契为司徒，敬敷五教，即此是也。学者学此而已。而其所以学序，亦有五焉，其别如左：
　　博学之。审问之。慎思之。明辨之。笃行之。

山长 历代对书院讲学者的称谓，五代蒋维东隐居衡山讲学时，受业者称之为山长。宋代将始建于南唐升元年间的庐山白鹿洞的"白鹿国学"，改造成白鹿洞书院，作为藏书讲学之所。元代于各路、州、府都设书院，设山长。废除科举之后，书院改称学校，山长的称呼废止。

> 《四书》 《四书》就是《四书集注·朱熹集注》这部书之简称,书中内容包括《大学》《中庸》《论语》《孟子》《大学章句序》《中庸章句序》《论语序说》《孟子序说》及朱熹之注解文字。《四书》的作者包括孔子、子思、孟子、程子、朱熹等,其编撰时间间隔达1800年。

右为学之序。学、问、思、辨四者,所以穷理也。若夫笃行之事,则自修身以至处事、接物,亦各有要,其别如左:

言忠信。行笃敬。惩忿窒欲。迁善改过。

右修身之要。

正其谊不谋其利。明其道不计其功。

右处事之要。

己所不欲,勿施于人。行有不得,反求诸己。

除了制定学规,朱熹还制定了课程,将《四书》作为基本课程,并尚需学习《五经》《楚辞》以及古代诗、文。

■ 陆九渊画像

为了学院的发展,朱熹试图聘请一些有名的学者到白鹿洞书院讲学,但均未成功。于是他只得自兼洞主,自为导师,亲自讲学。此时,在白鹿洞书院讲学的尚有刘清之,以及朱门弟子林泽之、黄粹、王阮等人。

正当朱熹主持白鹿洞书院时,南宋理学代表人物陆九渊自金溪来访,朱熹请陆氏赴白鹿洞登台讲学。他的"君子喻于义，小人喻于利"讲得举座动容，甚至有的学生感动得掉下眼泪。

朱熹也认为陆九渊讲得非常好，"切中学者隐微深痼之病。"并对自己过去没有讲得这么深刻感到惭愧，朱熹还表示，一定要与大家一起虚心向陆九渊学习。

于是，朱熹请陆九渊将讲稿书写下来，这就是著名的《白鹿洞书堂讲义》，朱熹请人将其刻石并写了《跋》，并作为文献保存在书院，以励后学。后来，陆九渊在白鹿洞书院期间，就哲学问题，与朱熹又进行了一次深刻的探讨，这就是"白鹿洞之会"。

与此同时，朱熹还请南宋理学家另一派代表吕祖谦为白鹿洞书院修复工作写记。朱熹在求记信中，希望此记"非独以记其事"，且"使此邦之学者与有闻焉，以为人德之门"。为此，二人书信往复，讨论记文措辞，然后定稿刻石。

朱熹又致书吕祖谦说："白鹿洞书院承为记述，惟使事之本末后有考焉！而所以发明学问深浅之序尤为至切，此邦之士蒙益既多，而传至四方，私淑之幸又不少矣！"

当时，吕祖谦为了调和朱熹"理学"和陆九渊

■吕祖谦（1137～1181），字伯恭，南宋婺州人，原籍寿州，人称东莱先生，与朱熹、张栻齐名，同被尊为"东南三贤"，"鼎立为世师"，是南宋时期著名的理学大师之一。他所创立的"婺学"，也是当时颇具影响的学派之一。

■ 讲学壁画

陆九龄（1132~1180），字子寿，人称复斋先生。乾道五年进士，宝庆二年特赠朝奉郎直秘阁，赐谥文达。与弟九渊相为师友，学者号"二陆"。其于字画未必屑屑求工，所书端稳深润有法度，临学之士或有所未及。乃知有德有言者，于区区字画亦不苟，卒年49岁。

"心学"之间的理论分歧，使两人的哲学观点"会归于一"，就出面邀请陆九龄、陆九渊兄弟前来与朱熹见面，陆氏兄弟便应邀来到了鹅湖寺，双方就各自的哲学观点展开了激烈的辩论，这就是历史上著名的"鹅湖之会"。

朱熹和陆九渊的哲学观点虽有异同，但是彼此却无心结，反而增加了彼此的友谊。无论是"鹅湖之会"，还是"白鹿洞之会"，都是我国古代哲学史、书院教育史上的大事，是先贤们探求真理，广博学问，摒弃门户之见，倡导百家争鸣的善举。

朱熹在主持白鹿洞书院期间，开展了多种形式的教学活动，包括"升堂讲说""互相切磋""质疑问难""展礼"等。《朱子读书法》六条，就是"循序渐进""熟读精思""虚心涵泳""切己体胸察""着紧用力""居敬持志"。以学生认真读书，自行理会为主要形式。

朱熹每有闲暇，就与生徒们优游于山石林泉之间，寓讲说、启迪、点化于其中。朱熹在白鹿洞书院创立的书院规制和教学模式，成为后来书院建设的榜样。

为了使书院拥有合法地位，朱熹还上书孝宗皇帝，乞赐敕额及"九经"注疏，但未果。后来，朱熹离开南康，改任浙东提举。他趁允许奏事的机会，再次向孝宗申请：

> 今乃废而不举，使其有屋庐而无敕额，有生徒而无赐书，流俗所轻，废坏无日，此臣所以大惧而不能安也。

这一次，孝宗皇帝经过"委屈访问"之后，才勉强准奏。朱熹离去以后，白鹿洞书院的院宇屡有兴修，教学、祭祀活动亦继续维持和发展。

1217年，朱熹之子在以大理寺正卿的身份知南康军。他继承父志，重修白鹿洞书院，使之规模宏伟为他郡所不及。朱熹的门人黄榦

白鹿洞书院之先贤书院

在《南康军新修白鹿书院记》中写道:

> 鲦顷从先生游,及观书院之始,后三十有八年,复睹书院之成。既悲往哲之不复见,又喜贤侯之善继其志。

意思是说,白鹿洞书院因朱熹而始建基,而由其子最后完成,时距朱熹仙逝已17年了。

朱门后学黄榦、陈文蔚、李燔、方岳、饶鲁等先后在白鹿洞书院讲学,培养了余阶、江万里等知名学生。

至1241年,宋理宗赵昀在视察太学时,亲自书写了朱熹所定的《白鹿洞书院揭示》。此后这个揭示被摹写传抄在各地的学校和书院中,使之成为御颁共同遵行的"教学方针"。

朱熹制定的教规得到皇帝如此的赞赏,遂成为各地书院教育乃至

■ 白鹿洞书院礼圣殿

白鹿洞书院棂星门

于学校教育的最高准绳和法则,影响广远,波及天下。理宗时,白鹿洞书院始设官治理。

白鹿洞书院因朱熹而享盛名,朱熹对白鹿洞书院的复兴,意味着我国书院制度的成熟。因此,王昶在《天下书院总志》序中称白鹿洞书院为"天下书院之首"。

阅读链接

朱熹晚年定居建阳考亭讲学,四方学子不远千里前来求学,研究理学,著书立说,与蔡元定等创建了学术史上令人瞩目的"考亭学派",考亭也因此喻为"南闽阙里",建阳称为"理学之乡",也因朱熹、蔡元定、刘爚、黄榦、熊禾、陆九渊、叶味道史称"七贤过化"之乡。每年的清明节前后,普天之下的朱子后裔都会前来祭祀拜谒,他所创立的南宋理学备受推崇。

书院的兴衰和办学特色

康熙画像

到了清代,白鹿洞书院继承明代的规模,远近各省都有人来此求学。1646年,顺治皇帝决定兴复白鹿洞书院,重修了白鹿洞书院,礼圣殿也得到了重修。到了顺治中期,江西巡抚蔡士英又对书院进行修葺。

清代尤其是在康雍乾盛世,崇儒重道,表彰正学,白鹿洞书院又多次得到皇帝的褒奖。

康熙帝是一位很有作为的政治家,一生研读儒学,赞赏程朱,重视文教。1683年,江西巡抚安世鼎委命知府周灿重修白鹿洞书院,上奏赐予匾额与经书。

■ 白鹿洞书院礼圣殿

到1687年，康熙帝亲书匾额"学达性天"，赐给白鹿洞书院，同时还颁送了《十三经注疏》"二十一史"等。

据《起居注册》载："学达性天"匾额共8面，同时赐予周敦颐、张载、程颢、程颐、邵雍、朱熹祠堂及白鹿洞书院、岳麓书院。

其意思是要学子求学达到符合人性和天理的一种崇高的境界。以后，康熙又陆续颁赐《古文渊鉴》《朱子全书》《周易折中》等书籍。

康熙帝赐给白鹿洞书院匾额及书籍之后，由南康知府周灿请建"御书阁"。阁为木构建筑，二层平面呈方形，周环走廊。二层正中有"御书阁"竖额。庑殿顶阁为木构建筑，翘角宏伟。

白鹿洞书院环境优雅，古树浓荫，阳光穿过树隙在地面上洒下斑驳的小光圈，风吹树动，光影摇晃，

儒学 儒家学说，起源于东周春秋时期，和"道家""墨家""法家""阴阳家"等为诸子百家之一，自汉武帝时期起，成为我国社会的正统思想。随着社会的变化与发展，儒家学说从内容、形式到社会功能也在不断地发生变化。

毛德琦 康熙五十三年任星子知县，康熙认为星子是朱子讲学之地，非能人不可为此处县令。受职前康熙接见，见后认定"此人去得"。毛来星子后，"廉明有惠政，以兴废举坠自任"，修府学、县学，修书院，重修檄楼，治理蓼花池，并且还修纂了《庐山志》《白鹿洞书院志》，其政声大著，后升遵化知州。

有如微波荡漾的湖水，显得环境清幽，风景宜人。

1714年，康熙帝还亲自召见星子县令毛德琦，优抚有加，委以重任。毛德琦回到任所后，不负圣恩，为白鹿洞书院增器具，清田亩，核书籍、严课考、修院宇、定规制、勤讲论，重兴文教，搜罗史料，终于修成清代首部《庐山志》和《白鹿洞书院志》。

之后不久，又对礼圣殿进行重建，礼圣殿是祭祀孔子及其门徒的场所，为宫殿式，平面呈长方形，砖木结构，以木柱支撑，石柱砌，浮雕缠枝纹饰。

殿中四柱三间，殿壁大木柱12根，以砖砌壁，周环以廊。殿平面长20.59米，宽24.44米，得重檐九脊，斗拱交错，灰瓦白寺，巍峨宏伟，气势庄严，殿外重檐正中悬有"礼圣殿"竖额。

殿内正中立孔子像，为唐代吴道子所绘。像下有石质神龛，有象征性的石香炉和石花瓶，上悬康熙皇

■ 白鹿洞书院景观

帝手书"万世师表"匾额，后壁左右有朱熹手书"忠、孝、廉、节"四字，殿中左右有线雕四圣，复圣颜子，述圣子思，宗圣曾子，亚圣孟子，左右两壁有十二贤。这里香火不绝，使书院的孺子气中添加了几分禅气。

书院的棂星门后是泮池，为学宫前的水池，泮池一般都是半月形，这里的水池原来是半月形，后来维修时，砌为长方形，上建券拱花岗石拱桥，周围以花岗岩栏杆和栏板，原来叫作泮桥，后改名状元桥。泮池内曾种有荷莲，寓意出淤泥而不染，取自北宋理学家周敦颐的《爱莲说》。

■ 清朝乾隆皇帝朝服画像

礼圣门就是书院的正门，原称先师庙门，或称大成门。初为1182年朱熹出钱30万给予南康知军闻诗，叮嘱其所建的。

礼圣门共有10扇，木门廊式，为空心几何形图案，裙板为平面木板，两侧为阁楼，硬山顶，屋脊东西两头饰陶龙，正门四柱五间，全长22.10米，高7.30米，门楣上悬挂着"正学之门"的匾额。

接下来的乾隆帝也是一位开明之君，倡导汉学，罗致人才，专注于文修武备。1737年，乾隆帝下旨：

各地书院酌仿朱熹白鹿洞规条立之仪节，以检束身心。

重檐 在基本型屋顶重叠下檐而形成。其作用是扩大屋顶和屋身的体重，增添屋顶的高度和层次，增强屋顶的雄伟感和庄严感，调节屋顶和屋身的比例。因此，重檐主要用于高级的庑殿、歇山和追求高耸效果的攒尖顶，形成重檐庑殿、重檐歇山和重檐攒尖三大类别。

■九江白鹿洞书院全景

皇帝下旨，地方官员自然不敢怠慢。南康知军董文伟，洞主章国录立《朱子白鹿洞揭示》碑于洞中朱子祠内，并附录了程端蒙、董铢两人的学规于后。

后来，乾隆帝还专作《白鹿洞诗》和《白鹿洞赋》各一篇，以示特别垂爱和赞赏：

李渤结庐后，绛帐开紫阳。

经纶归性命，道德焕文章。

剖析危微旨，从容礼法场。

祗今传鹿洞，几席有余香。

到了嘉庆、道光时，白鹿洞书院日渐衰落。

光绪时期，在书院的丹桂亭竖立"紫阳手植丹桂"的青石碑，亭子周围种有黄花丹桂，白花银桂。

1898年，光绪帝下令变法，改书院为学堂。

　　白鹿洞书院之所以能够历经千百年的荣辱兴衰而保留下来，与其独特的书院特色密不可分。白鹿洞书院的学规也称教条、揭示，明确地提出了教育方针和培养目标，对"为学、修身、处事、接物"有明确的规定。

　　学院施行"博学之、审问之、慎思之、明辨之、笃行之"的教育思想，提倡"言行一致、改过迁善、不谋私利、不计近功、宽以责人、严以律己"的道德修养，将教育方向及学习途径结合起来。

　　白鹿洞书院的学规是当时书院教育的楷模，形成了一个较为完整的教育理论，并成为南宋书院共同的准则，也为历代书院所仿效。在教学内容方面以研习儒家经典，弘扬理学为主，兼亦议论时政。教学提倡注重自学，自由研讨，启发诱导，共同切磋，亦师亦友。

　　白鹿洞书院首创的讲会制度，是书院教学的重要方式。讲会有宗旨、有规约、有组织以及规定日期和举行隆重的仪式。讲学虽然以洞主、助讲、山长、副讲为主，但也邀请其他学派的代表人物讲学。允许不同学派讲会，进行问难、论辩。听讲的人也不受地域、学派、书

白鹿洞书院泮池

院的限制,听讲、求教、辩论,学术空气十分浓厚。

供祀是白鹿洞书院进行思想品德教育的一种重要方式,通过祭祀活动,祭奠对象有儒家"先圣""先贤"和书院有关的理学大师及各学派创始人,达到树楷模以励后学,见贤思齐,奋发自强的目的。

书院是学子们自由研究学问与讲求身心修养的地方,也是大师们为宣扬主张而经常现身说法的地方,白鹿洞书院的主持人叫作洞主,多由国家委派当时有名望的学者担任,负责书院的教学与管理。

正因为如此,坐落在江西庐山五老峰南麓的白鹿洞书院才能够名声大振,成为宋末至清初数百年的一个重要文化摇篮。

阅读链接

白鹿洞书院自创立之时起,一直很重视藏书建设。书院为了有效地利用藏书,曾订立了严格的规章制度,并设有"管干"专门管理图书,《白鹿洞书院院志》载生徒借书时写一票即借据留管干处,以便查考,还书时要销票。为了不误他人借阅,还规定了借阅期限,若书籍有损失,勒令赔偿。这种图书借阅规则加快了图书的流通,减少了图书的损失,提高了图书的利用率。

千年学府 岳麓书院

岳麓书院位于湖南长沙湘江西岸的岳麓山，是我国古代著名四大书院之一。书院始建于976年，是潭州太守朱洞在僧人办学的基础上，正式创立的。这所誉满海内外的著名学府，历经宋、元、明、清的时势变迁，直到晚清改制为湖南高等学堂，可谓是"千年学府，弦歌不绝"。

岳麓书院是我国文化史、教育史上的骄傲，有着悠久的办学历史，培养了众多杰出的人才，在我国教育史上有着巨大的影响。

麓山寺奠定的文化底蕴

那是在西晋的时候,敦煌有位菩萨叫竺法护,他有位弟子叫竺法崇。竺法崇从小就聪明好学,立志要背下所有的经文,弘扬佛法。后来,他到湖南传播佛教,当他来到长沙湘江西岸的岳麓山时,见这里

麓山寺

风景秀美，于是在268年，创建了麓山寺。

竺法崇还是第一个到湖南传播佛教的僧人，此时距佛教传入我国仅200年的时间。麓山寺不仅是湖南第一所佛教寺庙，也是我国早期佛寺之一。

麓山寺左临清风峡，右饮白鹤泉，前瞰赫曦丹枫、长岛湘流，后倚禹碑风云、深壑林海。在此风景秀丽之地诵经传教，实乃人生一大幸事。竺法崇精通经学，尤擅《法华经》。

■ 陶侃画像

很快，竺法崇的名声便远播四方，以致"东瓯学者，竞往凑焉"。他与鲁郡的著名隐士孔淳之在岳麓山别游时，曾作诗曰："浩然之气，犹在心目。山林之士，往而不返。"

自竺法崇之后，麓山寺的讲学之风一直沿袭不绝。继开山祖师竺法崇之后，晋代住锡麓山寺的高僧还有法导和法愍和尚。281年，法导来到麓山"大启前功"，对寺庙进行了修缮和扩建。

自晋以来，文人雅士们寄寓隐居、游息读书，也都喜欢选择到麓山寺，为这里增添了不少诗书气息。

东晋名士陶侃，字士行，出身贫寒。他初为县吏，后至郡守。永嘉五年任武昌太守。313年，他出任荆江州刺史。

陶侃任驻长沙时，每当闲暇之余，常到岳麓山游

《妙法莲华经》简称《法华经》是佛陀释迦牟尼晚年所说教法，属于开权显实的圆融教法，大小无异，显密圆融，显示人人皆可成佛之一乘了义。在五时教判中，属于法华、涅槃之最后一时。因经中所宣讲的内容至高无上，并且明示不分贫富贵贱、人人皆可成佛，所以《法华经》也被誉为"经中之王"。

■麓山寺内景

览,并且在山中建庵读书,修养性情。因庵前遍种杉树,人们称之为"杉庵"。

传说陶侃在岳麓山射杀了蟒妖,他遵照白鹤姑娘的遗愿,相约在50年后再相见。后来,耄耋之年的陶侃因政务耽误了相约之期。

为了践行承诺,陶侃在相约之处苦苦守候了九九八十一天,精诚所至,他终于见到了白鹤姑娘。菩萨为了阻断白鹤姑娘再生思凡之情,于是便叫陶侃从石门离开,陶侃被迫穿石而出,白鹤姑娘转身仅见一堵石壁矗立在眼前。因此,在岳麓山便留下了一个穿石坡。

在隋代的时候,著名天台宗创始人智者大师最初出家长沙的杲愿寺,他以传授《法华经》为己任,在麓山寺创建了一个鹿苑,进行讲学,讲授"不依于有,亦不附无","最上无过"的"第一义谛",宣扬"心是诸法之本"等佛教思想。

鹿苑后来被改建成讲经堂,成为麓山寺讲学的重地,历代相传。到了唐代,摩诃衍禅师到麓山寺做住持,他便在鹿苑开讲南宗禅法,后来还将禅法传到了西藏,并在拉萨与印度高僧展开了辩论,将麓山寺佛门的学风远播到了西藏和印度。

在这个时期，位于岳麓山的道林寺也被改为律院。初唐书法家欧阳询曾书"道林之寺"4字为额，称道林"为道之林也"。后唐时，马殷又对道林寺进行了重建，结构崇隆，廊院连云，鼎盛时寺僧达到300多人。

唐代著名将领马燧在道林寺旁建起了道林精舍，作为文士活动的地方。当时，也有人称道林精舍为"书院"，因为它是隐居读书之处，因此是儒家的活动阵地。

马燧，字洵美，据记载，其祖父马珉、父亲马季龙分别在武则天时代与玄宗朝身居要职。马燧自幼机敏，广涉群书，尤善兵法，有凌云大志。他在与诸兄读书时，曾掩卷长叹："天下有事，大丈夫当建功立业，以济四海，岂能矻矻为一儒哉！"

马燧走上仕途后，虽身为武将，但他仍不忘为文人学士做些事情，于是他兴建了道林精舍。

唐末五代智璇等二僧为"思儒者之道"，在麓山寺下割地建屋，建起了"以居士类"的学舍，而随后形成的岳麓书院就是在智璇办学的基础上诞生的。

阅读链接

道林寺所藏经书十分丰富，吸引了不少名士前往参拜。唐宣宗大中元年，沙门禅师获准往太原求取佛经，河东节度使司空卢钧、副使韦宙慷慨施之，共得佛经5048卷，于次年运回潭州，道林寺再度成为讲经重地。唐僖宗乾符年间，袁浩建四绝堂于寺中，后经五代马殷重建，借以保存沈传师、裴休、宋之问、杜甫四人为该寺留下的笔札和诗篇。另外，骆宾王、宋之问、韩愈、刘长卿、刘禹锡、张谓、沈传师、韦蟾、杜荀鹤、唐扶、李建勋、齐己等文人墨客都曾流连道林，留下了许多传世佳作。

北宋时闻名的岳麓书院

到了976年，朱洞以尚书的身份出任潭州太守。他在原僧人办学的遗址上，在岳麓山下的抱黄洞附近，正式建立起了岳麓书院。书院初设讲堂5间、斋舍52间。

岳麓书院一开办，就得到了官府的支持。书院经过不断兴建，也多是由地方官员主持，逐渐形成了岳麓书院办学的一个特点。

999年，李允则任潭州知州。李允则本是儒臣，是唐济南团练使李谦溥之子，少时就以才略闻，后以荫补官。李允则在任职期间，所到之处都致力为民办实事，"民皆称便"。

李允则任潭州知州后，对兴教办学身体力行。岳麓书院在他

李允则画像

■ 岳麓书院前门

的主持下，很快获得了扩建。他"尽获故书，诱导青衿，肯构旧址。外敞门屋，中开讲堂，揭以书楼，序以客次。塑先师十哲之像，画七十二贤……"还辟水田"供春秋之祀典"，使书院得到了进一步发展。

在此时期，岳麓书院正式定额为60余人，其他从学者不在此数，声名逐渐传播于三湘衡岳之间。

1001年，李允则上奏朝廷，为岳麓书院修筑舍宇，并且还请得国子监的《释文》《义疏》《史记》《玉篇》和《唐韵》等典籍。这是岳麓书院首次得到朝廷的赐书，引得四方学者纷至沓来。从此，"岳麓书院"成为北宋四大书院之一，名闻天下。

北宋王禹偁在《潭州岳麓书院记》中赞誉道："谁谓潇湘？兹为洙泗。谁谓荆蛮？兹为邹鲁。"把岳麓书院比之孔孟之乡的"洙泗""邹鲁"，潭州从此有了"潇湘洙泗"的美名。

李允则扩建后的岳麓书院，标志着岳麓书院讲

宋真宗（968~1022），即赵恒，宋朝第三位皇帝，宋太宗第三子，初名赵德昌，后改赵元休、赵元侃，997年继位，1022年驾崩，享年55岁，在位25年。宋真宗著名的谚语"书中自有黄金屋，书中自有颜如玉"，目的在于鼓励读书人读书科举，参政治国，使得宋朝能够广招贤士治理天下。

■ 岳麓书院大门

七十二贤 即孔门七十二贤。孔子是我国古代著名的思想家和教育家，也是儒家学派的创始人。据《史记·孔子世家》中记载："孔子以诗、书、礼、乐教，弟子盖三千焉，身通六艺者七十有二人。"这"孔门七十二贤"，是孔子思想和学说的坚定追随者和实践者，也是儒学的积极传播者。

学、藏书、供祀3个组成部分的规制的形成以及学田设置的开始，从而奠定了书院的基本格局。讲学是书院规制的首要内容，它包括讲堂和斋舍。讲堂是老师讲学论道的地方，斋舍除供学生住宿外，又是平时读书自习的场所。

李允则扩建书院时，确定了讲堂在书院的中心部位。以后书院屡有衰落和发展，中间设讲堂这一布局特点始终未变。藏书与书院的名称及由来有着密切联系。书院在唐代主要指藏书、校书之地，到宋代形成教育机构，但收藏图书典籍这一特点依然没有改变。

书院收集图书，正式建立了藏书楼，并将国子监经书藏于书楼。以后，岳麓书院又多次请得历代朝廷所颁经籍，藏书楼又有"藏经阁""尊经阁""御书楼"等名称，且大都安置在书院的显要位置，而且藏书楼是书院中唯一的楼阁建筑，显示出书楼在书院的崇隆地位。

供祀部分也是书院的重要内容。李允则扩建书院时设置了"礼殿","礼殿"又称"孔子堂",并"塑先师十哲之像,画七十二贤",增建了颇为隆重的祭祀设置。

此后,书院的祭祀很快发展为一种有特色的形式,它不仅供祀先师孔子,还供祀本学派的大师、有功于本书院的乡绅名宦,以及可仿效的忠臣、学者等。这样,书院的祭祀就发展为推崇学统、标榜学派,以及对学生进行道德、礼仪教育的一种重要形式。

1012年,周式任岳麓书院首任山长,他"学行兼善,尤以行义著称",引得四方学子汇聚于此。

1015年,宋真宗赵恒认为岳麓书院办学很好,于是便召见周式,拜其为国子监主簿,请他留在京城讲学做官。但周式坚持回岳麓执教,不想留在京城做

> **乡绅** 我国古代社会一种特有的阶层,主要由科举及第未仕或落第士子、当地较有文化的中小地主、退休回乡或长期赋闲居乡养病的中小官吏、宗族元老等一批在乡村社会有影响的人物构成。他们近似于官而异于官,近似于民又在民之上。

■ 岳麓书院御书楼

官。宋真宗感其品格高尚，赐周式鞍马，并亲手题赐"岳麓书院"牌匾。

周式将御匾带回岳麓书院后，将之悬挂于书院大门的正上方。岳麓书院从此称闻天下，"鼓箧登堂者相继不绝。"

岳麓书院在周式的执掌下，从学人数和院舍规模都有了很大的发展，开启湖湘一脉浓厚学风。周式故后，乡贤云集追悼。

北宋时，长沙的南半部从长沙县划分出来，设置善化县，这"善化"之名因岳麓书院之盛，取意于"彬彬向善，倡化邑人"而得名。

在北宋岳麓书院的发展史上，不能不提到一位官职不高却很有见地的人，他就是朱辂。朱辂生于1070年。1097年，朱辂登进士第。

他初任湘阴县尉时，中书梁子美持宪节代皇帝巡视地方，军政令极其威严，地方官都惧怕他，不敢接近。但是朱辂却以小小的县尉身份，主动晋见。梁中书见他谈吐风声，胆识过人，颇有见地，是个难得的人才，于是想要推举他。

此时，湘阴县知县魏洙因旷废职责，要降为邻郡主簿。得到消息后，朱辂着官服持笏，到梁中书府衙中，对中书大人说："魏知县治

岳麓书院大成门

■ 岳麓书院二门

理虽然不像样，但也没有罪过。现在知县受降职处分，而我却蒙推举升官，人们都会说我出卖知县。请您停止对我的推举而宽待知县。"听朱辂如此一说，梁中书就更加赏识他了，于是便向皇帝推举了他，没有治魏洙的罪。

原先，长沙知府张舜民奏准从长沙县分5万户另立善化县，并亲自立了碑。当朱辂任善化知县时，朝廷臣僚分裂，互相倾轧，失势的派别被斥为朋党，遭到打击贬谪。张舜民被列为朋党之列，被贬至郴州任监税小官。

于是有人趁机要推倒这座碑，但是朱辂不同意，他说："这碑仅仅记录了设置善化县的由来，当时没有反对意见，现在有什么理由要推倒它？"于是这座碑保留了下来。

不久，朝廷派来使者，告诉朱辂说要将岳麓书院

知县 我国古代官名，秦汉以来县令为一县的主官，唐称佐官代理县令为知县事，宋常派遣朝官为县的长官，管理一县行政，称"知县事"，简称知县，如当地驻有戍兵，并兼兵马都监或监押，兼管军事。元代县的主官改称县尹，明、清以知县为一县的正式长官，正七品，俗称"七品芝麻官"。

■ 岳麓书院自卑亭

改为鼓铸厂。朱辂冒着杀头的危险，以"乡校不可毁"为由，抗旨不行。结果，朱辂虽官微言轻，但由于岳麓书院早已名声在外，朝廷也只好作罢，岳麓书院也就得以留存了下来。

北宋后期，岳麓书院被纳入了"潭州三学"的教育体制中。所谓"三学"，是指潭州州学、湘西书院、岳麓书院三个学府。

从北宋开始，岳麓书院名副其实地成为地方的高等学府。

阅读链接

岳麓山的自然风光占足了奇、珍、幽、美4个字，形成了柳塘烟晓，桃坞烘霞，桐荫别径，风荷晚香，曲涧鸣泉，碧沼观鱼，花墩坐月，竹林冬翠书院八景。而岳麓山的人文景观，那是岳麓山另一道亮丽的风景。千年学府岳麓书院，是三湘人才辈出的历史记录，而爱晚亭内那吟唱着"停车坐爱枫林晚，霜叶红于二月花"又留着一缕长髯的老夫子，那情那景更是让人流连忘返。

学院的繁盛和学制变革

1778年,在湖南安化陶姓人家,出生了一个男孩,家长取名叫陶澍。陶澍自幼受家风熏陶,聪颖好学,在乡里素有神童之称。

8岁那年,陶澍随父就读岳麓书院,父子同窗,勤奋向学。受岳麓

岳麓书院风景

■ 岳麓书院抱鼓石

陶澍（1779~1839），字子霖，一字子云，号云汀、髯樵，清代经世派主要代表人物。官至两江总督加太子少保，任内督办海运，剔除盐政积弊，兴修水利，设义仓以救荒年，病逝于两江督署，赠太子太保衔，谥文毅。著有《印心石屋诗抄》《蜀輶日记》《靖节先生集》《陶文毅公全集》等。

风气的影响，"为学以程朱为宗"，好谈义理，但又注重经世，深受山长罗典的喜爱。

1800年，陶澍父子同赴长沙乡试，陶澍考中举人，而其父落榜。1802年，24岁的陶澍参加会试考中进士，得到授翰林院编修的官职，从此步入仕途。

1805年的春天，26岁的陶澍以监察御史的身份上疏弹劾吏部重签、河工冒名及外省吏治积弊等，轰动朝野，引起朝中大臣和地方官员的一片恐慌。

正在陶澍严查吏治的时候，传来了陶父去世的噩耗。于是，陶澍不得不回乡守孝。在守孝期间，陶澍应澧州学正之邀，来澧阳书院担任主讲。在澧阳书院的3年，陶澍对当时和以后的办学都产生了积极而深远的影响。

陶澍认为"树人如树木"，应有"金可炼、垂滴石穿"的精神，才能办好书院教育。他常以车武子"囊萤苦读"、范仲淹"先忧后乐"等典范教育诸生，颇得各方赞誉。学生们听了陶澍先生讲的故事，都深受启发，学习就越发地勤奋了。

陶澍始终是把培养士子和化民成俗、治事安民联系在一起的，因此十分强调教师的德行。他在澧阳书院主讲时，有位叫戴柏亭的人，德高望重，陶澍与他成为忘年交。他复职后,还专门写诗为戴柏亭贺寿。他特别强调育人者修身养性,廉洁自守。陶澍后官至两江总督,被道光帝嘉许为"干国良臣"。

在岳麓书院,有两块汉白玉抱鼓石,这抱鼓石就是当时书院的弟子、时任两江总督的陶澍在搜查贪官曹百万家里发现的,他把它赠给了岳麓书院。

这抱鼓石也叫上马石,多摆在古代官宦人家门口。并不是说踩着它上马,而是你去往人家,看到这块石就必须下马,回去时到了这里才可以上马,已表示对主人的尊重。它的正面是三狮戏珠图,象征吉祥如意,反面是锦鸡芙蓉图,象征锦上添花,下面是鹭鸶青莲图,象征一路清廉的意思。

在清代任岳麓书院的山长中,欧阳厚均做得也非常出色。欧阳厚均于1789年至1791年就读于岳麓书院,从学于山长罗典。他在岳麓书院学习很用功,

> **吏部** 我国古代官署,西汉尚书有常侍曹,主管丞相、御史、公卿之事。东汉改尚书常侍曹为吏曹,又改为选部,魏晋以后称吏部,置尚书等官。隋唐列为六部之首。长官为吏部尚书,副长官称侍郎,历代相沿。考功司掌文职官之处分及议叙,办理京察、大计。宣统三年清政府的责任内阁设立制诰、铨叙等局,吏部遂撤。

■ 古代讲学雕塑

■ 岳麓书院潇湘槐市

与同窗"联步登堂,抠衣问字",学业长进。1799年,欧阳厚均进士及第,担任陕西司郎等职。后厌倦官场,决意退隐。

1816年,52岁的欧阳厚均出任岳麓书院山长。此时,他已经认识到对学生进行全面培养的必要。当时科举盛行,学生专攻八股,一板一眼都有定格,内容也只能代圣贤立言,不能越雷池一步。

而欧阳厚均教育学生的作文方法却与之截然相反,他主张:

> 诸生骋研抽秘,各抒所长,或以理胜,或以气胜,或以才胜,平奇浓淡,不拘一体,总之惟其是尔。

他所归纳的为师必须"文行交勉,道艺相资"即此意。具体来说,老师应在文、行、道、艺诸方面培养学生,这与专以八股制艺为内容的教学方法截然不同。

欧阳厚均弟子众多,多以节义功名显。左宗棠、江忠源、曾国藩、郭嵩焘均出其门下,他们皆为清代后期的经天纬地之才。

欧阳厚均(1766~1846),字福田,号坦斋,安仁人,进士,曾就读岳麓书院。1818年被聘为山长,连续掌教达27年之久。先后获准记录8次,得旨议叙3次,屡受朝廷嘉奖。弟子数以万计,著录在案的弟子达3000人。

经过欧阳厚均几十年的努力,岳麓书院办学盛而不衰,高峰迭起。欧阳厚均也成为清代前中期湖湘地区最有创新精神的教育家和推动湖湘传统教育承上启下,向近代教育过渡的人物。

1831年,湖南巡抚吴荣光于岳麓书院内创办湘水校经堂,以经史、治事、辞章分科试士。后在1875年,湘水校经堂由岳麓书院迁往长沙城南。后再度迁建,改名校经书院。

在清代岳麓书院的历任山长中,丁善庆同罗典、欧阳厚均齐名。丁善庆,字伊辅,号养斋,湖南清泉县白沙里人。他因父亲早逝,从小就随母亲刘氏寄居于其外祖父翰林院大学士刘文恪公家。刘氏家教甚严,他主要接受的是儒家思想教育。

1846年,丁善庆辞官归乡,当年便被聘为岳麓书院山长。丁善庆任书院山长的第六年,书院毁于兵

> **八股** 即八股文,八股文也称"时文""制艺""制义""八比文""四书文",是我国明、清两朝考试制度所规定的一种特殊文体。八股文专讲形式、没有内容,文章的每个段落死守在固定的格式里面,连字数都有一定的限制,人们只是按照题目的字义敷衍成文。

■ 岳麓书院后门

> **经义** 我国古代科举考试中的一种重要文体,它萌芽于汉唐,形成于北宋。经义与选举制度的变革和学术风气的变化有密切联系,对北宋后期的学风和士风产生了诸多影响。在古代文体史上,宋代经义文是明清八股文的雏形,它形成了一定的程式,在题型、结构等方面已经具备了八股文的一些特征。

火,建筑全部被毁坏,多年聚藏的书籍也皆被焚毁。为重建书院,他积极倡议全省的官绅士民捐款修复岳麓书院。

倡议发出后,许多关心书院教育的人都慨然相助。其中,欧阳厚均的次子就捐赠300金作书院修复费。在极艰苦的条件下,丁善庆主持修复了20余处书院建筑。

1853年春,修复圣庙、御书楼、文昌阁、讲堂、斋舍、祠宇等地;咸丰五年修复半学斋;咸丰十年修复自卑亭;后来又修复三闾大夫祠、贾太傅祠、李中丞祠;1865年重修爱晚亭、极高明亭、道乡台、崇圣祠、讲堂、二门;同治五年修复风雩亭、吹香亭、抱黄阁。

丁善庆任山长期间,还为恢复书院藏书作出了很大努力。他倡议社会名流、士林学者为书院捐书。湖南巡抚李瀚章,著名刻书家、藏书家陈仁子的后裔陈源豫,著名数学家丁取忠,还有曾国荃、俞锡霖等社会名流和官绅等都积极响应,将许多珍籍捐赠给岳麓书院。

丁善庆本人除带头捐赠藏书外,还以书院名义购置了数批图书。如《古今文学释珍》《诸子汇函》《壮学斋文集》等。至同治年间,岳麓书院御书楼的藏书又恢复到了相当的规模。

■ 岳麓书院文泉

清末，岳麓顺应历史潮流，设译学、算学等科，增置时务和西学图书，进行了教学改革。

岳麓书院山长王光谦改革书院课程，将教学内容分为"经义"和"治事"两门，以增添算学、译学两门新的课程。此外，他还要求刻印宣传"新学"的《时务报》发给学生阅读。

1903年3月，新任湖南巡抚赵尔巽奏请改岳麓书院为学堂，并将由时务学堂改制的高等学堂迁入，合成湖南高等学堂。学堂强调以"研求中西学为主旨"，改建斋舍，初招预科二班，办文理二科。课程有经学、史学、国文、舆地、算学、物理化学、博物生理、英文、体操等。

至此，岳麓书院由一所古代书院演变为一所近代高等学堂。

岳麓书院崇圣祠

阅读链接

岳麓书院传统爱国主义教育思想是在南宋时期形成的。当时的社会十分动荡，著名理学家张栻主教岳麓书院，由此促进了书院教育中的爱国主义思想的形成。张栻的父亲张浚是南宋时期著名的统帅。张浚开府治兵，都督诸路军马，志在收复中原。张栻自幼追随左右，参佐军务，亲临战场，可谓忠、勇双全。张栻主教岳麓书院后，积极宣传，并将之贯穿到教学活动和理学研究之中，深深影响了他的学生，以张栻为主形成了一个爱国主义湖湘学派团体，史称他们"见义必为，勇不可多""无日不战，无战不胜"。

行之有效的教育体制

岳麓书院作为私学,之所以取得社会公认的教育成就,因为它有一套逐步完善的、行之有效的教育教学体制。它在山长选拔、办学经费来源、生源选招、教育目标确立以及教学管理方面,都有一套成熟的制度和方法。

岳麓书院一角

从经费来源来说，岳麓书院的教育经费主要靠租赁学田保证。1194年，朱熹为岳麓置学田333.3公顷，这是置办学田的开始。明代宣德年间，长沙宁乡任指挥佥事的周辛甫父子捐资修复岳麓书院，并置办道林寺田5.8公顷。

嘉靖时期，长沙知州王秉良扩建书院，并捐置学田1.2公顷。次年，孙存继任，个人又捐学田4.5公顷，并请政府增拨公田96.6公顷，书院财力已相当雄厚。

之后，长沙知府季本大规模修整书院，自己捐赠学田6.8公顷，同知林华也捐学田3.3公顷，湘城第一次出现了大规模集资兴学的热潮。这一时期岳麓书院共有学田148.2公顷，其中私人捐助达22.2公顷，占15%。

除了学田收入外，岳麓书院办学经费的另一个来源是官府支持。比如在清雍正年间，清政府将岳麓书院等一批重点书院称之为"省城书院"，每个书院给予帑金1000两。

充足的教学经费为书院的师生提供了良好的就读环境和生活保障。根据史料记载，1763年，岳麓书院山长的年收入为白银465两，学生则享受政府全额奖学金，每年收入白银11两。

书院山长的人选也非常重要。山长即院长，是书院教学、行政的主持者。宋以后，书院大多沿用山长

■ 岳麓书院慎斋祠

学田 指书院和州县官办学校所用的田地，是我国封建社会学校教育的经济支柱。学校通常设有专门机构或委派专人管理学田，一般有3种方式，一是由学官管理，二是由乡绅地主管理，三是由学校生员管理。学田的经营方式几乎都采用租佃制，即丈量学田，招徕佃农，确定、收取租额，以佃租的方式收入资金。

■ 岳麓书院慎斋祠内对联

之名。从字义上讲,"山长"有山中长老的尊敬之义。因当时书院聘请掌教之人,大多是学行兼优、居山林而不做官的学人,加之书院多依山林、择胜地而建,故有此名。

主持书院的大多是地方名儒,有一定的学术造诣,是由书院自己聘任的,而不是由政府任命的。这体现了书院办学者一定程度的独立性。后来即便政府控制了书院的教师选聘权,在具体物色人选时仍要考虑其学术声望。

书院实行山长负责制,所谓"山长"就是校长,山长的道德、学识和社会名望都得是出类拔萃的,历任山长不仅治学严谨,而且管理有方。

岳麓书院在当时属于高等学府,入院生徒对经史有一定了解,赋诗作文已有一定基础,甚至还要通过一定的考试或推荐,才能选拔入学。"潭州三学"就反映了岳麓书院录取生徒的情况。

明代《岳麓志》记载:所谓"三学",即指潭州州学、湘西书院、岳麓书院,分成3个等级。学生通过考试,以积分高下逐级安排升舍。官办的州学学生考试成绩优良者,可升湘西书院,最高者,方可升岳麓书院,在"三学"中,岳麓书院为最高学府。

起初,潭州太守李允重新扩建书院之后的学生正

周式 宋代湖南湘阴人,千年学府岳麓书院首任山长,因品学兼优,诲人不倦而著名。在周式的精心经营下,岳麓书院学生由60多人增至数百人,开启湖湘一脉浓厚学风。周式潜心研究儒学经典精髓,据记载,周式著有《毛诗笺传辨误》八卷,《论语诸集解辨感》十卷和《拾遗》一卷。

式定额为60余人,到了北宋大中祥符年间,周式任岳麓书院山长,将岳麓书院带入了北宋最为繁荣的阶段,很快就发展到学生数百人。到了清代,学生名额分正课、附课两种。乾隆时正课生增至68名,附课生增至35名,计103名。

嘉庆时又增附课生35名,生额总计138名,其后保持不变,有时也额外收些游学之士。因而,岳麓书院的住院生一般都保持在一二百人之间。

在生源稳定的情况下,岳麓书院以培养健康的道德人格、务实的治学精神和博学多思的治学方法为教学原则。张栻曾在《岳麓书院记》中强调,岳麓书院的教育宗旨是"传道济民",也就是说,书院教育的目标就是要使每一个受教育者道德自我日臻完善并促成内在人格的完成,并且道德人格必须完成外在社会价值的实现。

岳麓书院在千年办学过程中,还一直将"务实""求实"作为追求的教育理念,主要体现在经世致用的价值取向、实事求是的思想方法、学贵力行的治学风格3个方面。

经世致用是岳麓书院一贯倡导的学术宗旨和教育宗旨。书院强

岳麓书院里的"风荷晚香"

调,一切学问必须有益于治国安邦、国计民生,才具有价值与意义。

"务实"不仅是一种价值取向,也是一种尊重事实、追求真理的思想方法。无论是从事学术研究或从事教育,都应该引导人们从天地万物中探索这一真实的"理"或"道",就是"实事求是"。

在治学中,要重事实、重归纳、重证据。后来发展演变为近代自然科学的实证精神。"学贵力行"的治学风格,就是将知和行看成是一个互相促进、不断深入的过程,即"知行互发""知行并进"。

同时,岳麓书院的师长们总是将广泛地获取知识学问,作为书院教育的重要目的。在这个基础上,"思"是从事实和知识中获得深刻全面的道理,也就是要穷究事物所以然的道理,要能提出疑问,以引发学者深入思考,解决问题。岳麓书院作为理学的基地,还提倡敢于怀疑的精神。

在长期的教学实践中,岳麓书院课程内容也相对固定,主要以哲学、史学、文学、文字学为主,也要学习应付科举考试的八股文和试帖诗等。

■岳麓书院濂溪祠

■ 四箴亭

在明代陈论主教的期间，他潜心传播周敦颐及朱张等理学大师的理学，还设"习射"课程，聘请长沙卫指挥杨溥度为教习。后来，到了清代，书院由民办逐渐演化为官办。

在祭祀方面，清代岳麓书院先后几次增设祭处，达29处之多，受祀者将近百人。后来，建文昌阁于讲堂之后，供奉文昌帝君，凡在院诸生考中功名者，悉得题名其间。又在院前土阜创建了魁星楼，并将原六君子堂改为岳神庙。

随着乾嘉考据学的兴起，岳麓书院往往由从事诂经考史的著名汉学家主持，学习内容也由理学转向经史考证。罗典任山长之后，"唯以治经论文，启诱后进"。道光年间巡抚吴荣光在岳麓书院增设"湘水校经堂"，专以研习汉学为主。后来，校经堂发展为校经书院，进一步发展了校经堂通经致用的务实学风。

吴荣光（1773～1843），清代诗人、书法家、藏书家。原名燎光，字殿垣，一字伯荣，号荷屋、可庵，别署拜经老人、白云山人，南海人。1799年进士后改庶吉士，授编修。迁监察御史，以事革职。起授刑部员外郎、郎中，历陕西陕安道、福建盐法道，福建、浙江、湖北按察使，贵州、福建、湖南布政使，湖南巡抚，降福建布政使，以原品休致。

赵尔巽（1844~1927），字公镶，号次珊，又名次山，又号无补，清末汉军正蓝旗人，祖籍奉天铁岭。清代同治年间进士，授翰林院编修。后主编《清史稿》，袁世凯称帝时，被尊为"嵩山四友"之一。

清光绪年间，岳麓书院山长王光谦实施课程改革，将教学内容分为"经义""治事"两门，以增添算学、译学两门新的课程。

1903年3月，新任湖南巡抚赵尔巽将由时务学堂改制的高等学堂迁入，合成湖南高等学堂。学堂办文理二科，课程有经学、史学、国文、舆地、算学、物理化学、博物生理、英文、体操等。

从岳麓书院的教学方式来看，岳麓书院不同于传统的官学的教学方式，摸索出了一套独特的、行之有效的教学方式。

岳麓书院强调学生读书自学，重视对学生自修的指导。朱熹曾对学生说："书要你自己去读，道理要你自己去究索，某只做得个引路的人，做得个证明的人，有疑难处共同商量而已。"为了指导学生自学，朱熹还专门制订了一套读书法。

岳麓书院对外坚持"开门办学"的理念。书院

■ 岳麓书院大成殿内景

岳麓书院讲堂

常年接待访问学者，允许外来人员旁听，并安排食宿。在这样的背景下，岳麓书院一直保持很高的教学水准和学术研究水平。

岳麓书院教学不受地域和学派的限制，允许不同书院、不同学派的师生互相讲学，互相听课，互相争论和交流，其中"会讲"就是岳麓书院独创的讲学形式。

会讲是岳麓书院的一种学术活动，不同学术观点的学派在或大或小的范围里进行探讨和论辩，学生也可旁听，既推动了学术研究又推动了教学。

岳麓书院既是一个教育机构，又是学术研究基地。书院均不以参加科举考试为目的，而以研究传播学问和道德践行相标榜。书院的创建者，主持人大多是一方有名的学者，他们担任主讲时，一般都是讲自己的学术心得，不少研究成果也是在讲学的过程中完成传播并取得社会承认的。

在教学管理方面看，岳麓书院采取比较自由的教学方法，一般由山长本人或其他教师十天半月讲一次课，其他时间以自学为主，自学中有什么问题随时可向教师咨询，或学生间互相讨论。

岳麓书院有明确的学规。岳麓书院的学规，最早源于朱熹的《书院教条》，到清代乾隆年间，欧阳正焕任书院院长时，提出"整、齐、严、肃"4字学规，具体为：

时常省问父母；朔望恭谒圣贤；气习各矫偏处；举止整齐严肃；服食宜从俭素；外事毫不可干；行坐必依齿序；痛戒讦短毁长；损友必须拒绝；不可闲谈废时；日讲经书三起；日看纲目数页；通晓时务物理；参读古文诗赋；读书必须过笔；会课按时蚤完；夜读仍戒晏起；疑误定要力争。

岳麓书院课程安排清晰有序，每月有几次严格的考核。考试后，对成绩优秀的学生进行奖励，对成绩落后的给予惩罚。

此外，学生还必须把自己每日读书的情况记在"功课程簿"上，山长定期亲自抽查。正是基于书院这些完善且行之有效的教育体制，才使三湘大地上人才辈出，历经千年，弦歌不绝。

阅读链接

清代许多著名山长均将经世致用之学摆到重要地位。王文清主持书院期间，制定了《岳麓书院学规》，将"通晓时务物理"作为教学内容。主教岳麓书院27年之久的山长罗典，也注意将品德教育与时务结合起来。他的教育主张是："务令学者陶泳其天趣，坚定其德性，而明习于时务。"岳麓书院的山长贺长龄，也是一个以讲求经世致用之学而闻名于晚清的重要学者，他和魏源主持编撰的《皇朝经世文编》成为推动晚清经世致用学风进一步发展的重要著作。经世致用的教学传统对于岳麓书院发展成为一所现代大学，起到了十分重要的推动作用。

书院建筑的独到之处

岳麓书院作为闻名中外的书院，凝聚了我国古代许多建筑大师的心血和智慧，在建筑艺术方面也达到了一个高峰。

岳麓书院坐落于湖南长沙岳麓山脚下的清风峡口，三面环山，层

■岳麓书院御书楼

祭祀 是向神灵求福消灾的传统礼俗仪式，被称为吉礼。"祭祀"也意为敬神、求神和祭拜祖先。最初的祭祀活动比较简单，也比较野蛮。人们用竹木或泥土塑造神灵偶像，或在石岩上画出日月星辰野兽等神灵形象，作为崇拜对象的附体。然后在偶像面前陈列食物和礼物，并由主持者祈祷，祭祀者则对着神灵唱歌、跳舞。祭祀礼节有一定的规范。

■ 岳麓书院屈子祠

峦叠翠，书院前临湘水，后枕岳麓山，依山傍水，四周林木荫翳，环境幽静雅致，自然景观与人文景观融为一体，高度协调。岳麓书院建筑的独到之处，可以用8个字来概括："天人合一，朴实无华。"

岳麓书院古建筑在布局上采用中轴对称、纵深多进的院落形式。从湘江西岸的牌楼口，直往山巅，早有古道联通，形成一条风景中轴线，岳麓书院就建在此中轴线上的中点。

院前有天马、凤凰二山分峙两旁，俨若天然门户，古代其前后有朱张渡、柳堤、梅堤、咏归桥、翠微亭等景点相伴；院后沿中轴线而上，有爱晚亭、舍利塔、古麓山寺、白鹤泉及后来修建的蔡锷墓、黄兴墓等著名景点，其他景点星布于中轴线的两侧。

书院的前门、赫曦台、大门、二门、讲堂、御书楼依次沿中轴线而建。文庙、专祠及半学斋分建中轴线的北侧；教学斋、白泉轩、园林、碑廊等分建于中

■ 岳麓书院文庙

轴线的南侧。

中轴对称、层层递进的院落，除了营造一种庄严、神妙、幽远的纵深感和视觉效应之外，还体现了儒家文化尊卑有序、主次鲜明的社会伦理关系。

岳麓书院体现了典型的书院建筑特色。我国古代的书院，一般由三大部分组成，一是讲堂，二是藏书楼，三是祭祀的场所，而岳麓书院的这三大部分是十分齐全的。

讲堂位于中心位置，以突出其核心地位。中轴线的最后，整个书院之中地势最高之处是御书楼，显示其在书院之中的重要性，因为"书院"一词最早仅有藏书供人阅读之意。

在中轴线的西边，有以文庙为主的祭祀建筑群，这是按照儒家礼节之中的"左庙右学"来安排的。这几大部分，界线分明，各有特色，体现了我国古代书院建筑的特征。

文庙 是纪念祭祀我国伟大思想家、教育家孔子的祠庙建筑，在历代王朝更迭中又被称作文庙、夫子庙、至圣庙、先师庙、先圣庙、文宣王庙，尤以文庙之名更为普遍。其数量之多、规制之高，建筑技术与艺术之精美，在我国古代建筑类型中，堪称是最为突出的一种，是我国古代文化遗产中极其重要的组成部分。

■岳麓书院内景

从整体上看，岳麓书院整个建筑朴实而不奢华。从构架上看不施斗拱，从装饰上看不求华丽，极少彩绘，一般显露结构特点和材料的本色，加以适当的油漆处理和重点装饰，更显民间特色和朴实风格。

岳麓书院三大部分各有其特征。讲堂是岳麓书院的核心部分，它的功能决定了它的样式。讲堂是岳麓书院讲学、讲会、宣教等重要礼仪活动之中心场所，容纳的人比较多，所以，它是一个5间建筑，比较宽敞，而且它面对的庭院也开敞，增加了活动的余地。

讲堂也是最庄严肃穆的场所，为了起到教育的作用和显示岳麓书院的历史地位，里面有大量的匾额、对联、石碑等。

御书楼作为整个书院的灵魂所在，它位于岳麓书院中轴线的最后，而且其地势是最高的，同时也是最幽静的地方。因为藏书楼一怕水、二怕火，所以它的楼层最高，而且在其前方有对称的两个水池，既起到了美观的作用，又有重要的实用功能。

文庙和其他祭祀性建筑，在书院中起到了传统教育的作用。由于是纪念儒家的先贤和对岳麓书院的有功之臣，所以按照儒家的礼仪"左庙右学"，建在了书院中轴线的西边。按照古代的统一规定，文庙用的是红墙黄瓦以显示其重要的地位。在建筑上，大成殿用的是二重歇山的屋顶，也显示了其地位的重要性。

岳麓书院的建筑不但有一般书院的特点，同时也突出体现了典型的湖南地方特色。像多采用歇山和硬山的屋顶，是湖南建筑的一大特色。岳麓书院多采用高大坚实的封火山墙，与其起伏多变、鲜明生动的天际线及门廊、窗洞的点缀，形成强烈的对比。

岳麓书院的建筑体现出了深刻的湖湘文化内涵。它不同于华丽隆重的官学建筑，也不同于花俏的民间建筑，反映出儒教文化的精神和典雅朴实的格调。

岳麓书院还体现出含蓄幽雅的园林建筑艺术。建筑艺术就像写文章一样，不喜欢平铺直叙、一览无余。理想的建筑物不能够在一开始就能窥其全貌，要随着角度的变化，层层深入，逐步展露魅力。岳麓书院多用天井穿插、屏风隐蔽，形成了丰富多样的空间层次，给人以宁静幽深之感。

像从讲堂绕过屏风到御书楼，从御书楼下进到园林之中，从讲堂走到文庙，都给人以"山重水复疑无路，柳暗花明又一村"的感受。而庭院的连续，步移而景换，又给人以"庭院深深深几许"的好奇。

在这个园林里，溪流、树木、碑廊、房屋和谐统一、相互映衬，构成了一道自然和谐的风景。园林里，清新活跃，

■岳麓书院后花园

岳麓书院风雩亭

体现了我国古代建筑统一中求个性,对称里有变化的原则。

岳麓书院中,水的运用恰到好处。古人造林,讲究水的运用,"七分水、两分竹、一分屋"。岳麓书院的水,是从岳麓山清风峡里引来的"活水"。

所以围绕这里的泉水,形成了几个景点,像"曲涧鸣泉""碧沼观鱼"。让水串联于其中,既使得各个部分有了连贯性,又使整座建筑有了活气和灵气,动静结合,相得益彰。

书院里的园林,与其他地方的还有所不同,书院的园林更加讲究寓教育于游息之中,通过环境气氛实现怡情养性的功用。园林中既有诗情画意,又有碑刻铭文。既有清泉翠竹,又有各种轩、亭。这些碑刻含有碑记、箴言、警句、诗词、铭文等等,通过书法艺术的渲染,构成书院独特的装饰景观,营造了潜移默化的环境氛围。

阅读链接

作为一所古代的高等学府、教育机构,求学是学生们来书院的主要目的。岳麓书院的师长们总是将广泛地获取知识学问,作为书院教育的重要目的。南宋初,主持岳麓书院教事并在此发展湖湘学派的张栻,就非常重视"博学"的教育。他认为,天下万事万物,均有自己的道理,学生来书院求学,就是要探明天下万事万物的道理。他向学生反复强调这一点:"盖君子于天下之事,无所不当究。"

唯楚有材

石鼓书院

　　历史名城衡阳人文荟萃,石鼓文脉绵延千年。石鼓书院位于湖南衡阳石鼓山,是一座历经唐、宋、元、明、清的千年学府,始建于810年,已有1200年的历史。1035年,朝廷赐额"石鼓书院",遂与应天书院、白鹿洞书院、岳麓书院并称全国四大书院。

　　作为湖湘文化的重要发祥地,石鼓书院在我国书院史、教育史、文化史上享有较高的地位。正所谓"石出蒸湘攻错玉,鼓响衡岳震南天"!

后人承先祖遗志创办书院

相传在汉代，三国武侯诸葛亮以军师中郎将的身份驻军临蒸，也就是衡阳，督办长沙、零陵、桂阳三郡军赋，就住在石鼓山上。后人为了纪念诸葛亮"鞠躬尽瘁，死而后已"的精神，在石鼓山的南面建"武侯庙"，后来被迁移至石鼓山上李忠节公祠旁，改名为"武侯祠"。

至唐代贞观年间，刺史宇文炫开发石鼓东崖西溪间为游览胜地，并题写"东岩""西溪"4个大字，雕刻于东西崖壁上。其后，刺史齐映于山之东建了一座合江亭。

贞观年间，韩愈出任监察御史，因关中大旱，他上奏朝廷减

韩愈像

免徭役、赋税，激怒了皇上，被贬阳山。直到21年后才被赦免，被派往江陵府任法曹参军。

韩愈在赴任途中经过衡州，刺史齐映在石鼓合江亭宴请韩愈。韩愈作诗《题合江亭寄刺史邹君》，诗云：

红亭枕湘江，蒸水会其左。瞰临眇空阔，绿净不可唾。维昔经营初，邦君实王佐。翦林迁神祠，买地费家货。梁栋宏可爱，结构丽匪过。伊人去轩腾，兹宇遂颓挫。老郎来何暮，高唱久乃和。树兰盈九畹，栽竹逾万个。长绠汲沧浪，幽蹊下坎坷。波涛夜俯听，云树朝对卧。初如遗宦情，终乃最郡课。人生诚无几，事往悲岂那。萧条绵岁时，契阔继庸懦。胜事谁复论，丑声日已播。中丞黜凶邪，天子闵穷饿。君侯至之初，闾里自相贺。淹滞乐闲旷，勤苦劝庸惰。为余扫尘阶，命乐醉众座。穷秋感平分，新月怜半破。愿书岩上石，勿使尘泥涴。

■ 韩愈塑像

监察御史 我国古代官名，582年改检校御史为监察御史，始设。唐御史台分为三院，监察御史属察院，品秩不高而权限广。宋元明清因之。明清废御史台设都察院，通常弹劾与建言，设都御史、副都御史、监察御史。监察御史分道负责，因而分别冠以某某道地名。

因诗中有"瞰临眇空阔，绿净不可唾"之句，合

■ 石鼓书院正门

江亭又被称为"绿净阁"。地以人传,石鼓名声大振,成为文人骚客们的"朝圣"之地。

唐宪宗元和年间,享有"唐代八大诗人之一"美誉的衡州刺史吕温,在任期间又对合江亭进行了扩建装修。

810年,湖南有个名叫李宽的名士,他饱读诗书,颇有才学,但对做官不感兴趣。当朝宰相曾推荐他入朝,被其婉言谢绝。为避免朝廷征召,李宽决意远走他乡。

一天,李宽无意中读到了韩愈写的《题合江亭寄刺史邹君》一诗,诗中描写的"红亭枕湘江,蒸水会其左。瞰临眇空阔,绿净不可唾"的美景打动了他。于是,李宽收拾行装,风尘仆仆地南下衡州,找到了城北蒸水与湘水交汇处的石鼓山。

他抬眼望去,只见山上树木葱郁,清幽静谧;低头一瞧,脚下绿水环绕,烟波如画。面对此情此景,李宽顿觉心胸舒畅,于是决定留下来做个隐士。李宽在山间搭建起一座小房子,取名"读书堂",作为他私人读书的地方。

吕温对读书人格外尊重,他和文朋诗友的到来,为李宽的读书堂增添了不少的文化气息。李宽也绝不会想到,自己搭建的这间读书堂,竟然成了我国古代最早的一座书院的雏形。

韩愈(768~824),字退之,唐代著名文学家、哲学家、思想家、政治家,世称韩昌黎,晚年任吏部侍郎,又称韩吏部,谥号"文",又称韩文公,后人对韩愈评价颇高,明人推他为唐宋八大家之首,与柳宗元并称"韩柳",有"文章巨公"和"百代文宗"之名,作品都收在《昌黎先生集》里,成绩显著。

至宋代，李宽的后世族人李士真听说了先祖的这段故事后，心底不由得升起一股自豪之情和责任感。他给郡守写了一封信，表示愿意捐出家产，扩建先人李宽的读书旧址，让学者们能有一个传道讲学、读书人能有一个学习交流的场所。

李士真的义举得到了官方的支持，于是官民合力，把一个私人小草堂扩建成了一座公立学堂。

978年，宋太宗赵光义为"石鼓书院"敕额。由于慕名前来的名士、学子增多，书院专门选出一些德高望重的人负责日常的执教和管理事务。

1001年，宋真宗颁给全国各地官学、书院发送国子监印本经书。石鼓书院就摹印国子监及本道各州书籍供人研习。藏书十分丰富，涉及经、史、子、集，范围极其广泛。后来，名流霁学石鼓书院，研习典籍经卷，来往不绝。

1035年，曾担任集贤殿校理之职的刘沆在衡州任知府，他将石鼓书院的情况上奏给仁宗皇帝，仁宗阅后，便赐额"石鼓书院"。此间，刘沆主持修建了书院。

石鼓书院禹碑亭

周敦颐（1017～1073），字茂叔，号濂溪，北宋著名哲学家，是学术界公认的宋明理学开山鼻祖。"两汉而下，儒学几至大坏，千有余载。至宋中叶，周敦颐出于舂陵，乃得圣贤不传之学，作《太极图说》《通书》，推明阴阳五行之理，明于天而性于人者，了若指掌。"《宋史·道学传》将周子创立理学学派提高到了极高的地位。

■ 书院里的石鼓

由于石鼓书院享有两度被宋朝皇帝"赐额"的殊荣，从而步入鼎盛时期，成为与应天、岳麓、白鹿洞齐名的全国著名四大书院之一。许多名流都到石鼓书院讲学，如文学家苏轼、理学大师周敦颐等。

1187年，理学大师朱熹、张栻在此讲学，朱熹作《石鼓书院记》。

《石鼓书院记》不仅让石鼓书院再一次"有声于天下"，再创辉煌，而且拓展了古代书院的教育理论体系，推动了南宋书院的进一步发展，促进了南宋理学的兴旺发达和学术文化的繁荣昌盛。

《石鼓书院记》在我国书院发展史上是一篇匠心别具的代表作，在书院文化传播上具有重要意义。

仁宗庆历四年，就是公元1044年，石鼓书院成为衡州路的官办学府，有正式教授一人，主要"以经

术教导"学生。1274年正月,湖南提刑文天祥驻衡州时,作诗《合江楼》,云:

> 天上名鹡尾,人间说虎头。春风千万岫,合水两三洲……

提刑宋若水继成,奉先圣先师之像,集国子监及本道诸州印书藏其中,请朱嘉作记,告诫诸生要辨明义利,有志"为己之学"。

南宋开庆元年,书院毁于兵火。景定元年,提刑俞琰命山长李访"扫地更新","尽复旧观",增辟园圃,仰高楼,取明德新民文章,为诸生丕扬其义,绝响再闻,士风作振。

宋代,石鼓书院进入鼎盛时期,学子求学的热情颇高,学风浓厚,留下了不少佳话。

元代,石鼓书院继续办学,但其田产于1292年为灵岩寺僧强占,经邓大白、王复、康庄、程敬直等历任山长长达62年争讼,才得归还。元代,石鼓书院是少有的受统治者重视的书院。山长们的讲学多是传播大师学说,他们倡导程朱理学,凭己意发挥阐释儒学经典。

元时,著名官宦学者伯颜、契玉立、李处巽、陈松年都题写过石鼓山水、书院诗文胜景,为书院平添了许多人文色彩,使元时石鼓书院仍然享有盛名。

阅读链接

时任刺史吕温也是一位风雅好学之士,他得知李宽结庐而居石鼓山的消息后,亲自去拜访他。与吕刺史同去的还有不少当地的学子士人,大家以文会友,互相唱和,你来我往,玩得不亦乐乎。吕温还将李宽的读书堂题名为"寻真观",并作《同恭夏日题寻真观李宽中秀才书院》,日记其事。

书院"王湛之学"的传播

到了我国明代的时候,石鼓书院再次得到了重视,也是恢复较早的书院。1413年,知府史中重修书院以待旅游学者,设礼殿祭祀孔子,乾张祠祭祀韩愈、张拭,书院在天顺、弘治年间均有修葺。

■ 石鼓书院正门及石阶

1509年，叶钊为山长，讲圣贤身心之学，道德之首，剖析疑义，阐发幽微，"时学者翕然云从"。大韶早年曾经求学于石鼓书院，致仕后"重返母校"，主讲石鼓书院，并参与编纂、重校首部《石鼓书院志》，为后世留下了极为珍贵的有关书院史料。

明代，石鼓书院理学传播盛行。王阳明、湛若水的心学兴起，吸引许多著名的理学家及其门徒到此讲学，石鼓书院俨然成为王、湛各派的学术大讲堂。嘉靖年间，湛若水两次率弟子来石鼓讲论"体认"之学。

■ 石鼓书院内古碑

湛若水官至礼部、吏部、兵部三部尚书，属明儒理学的白沙学派，主张"随处体认天理"的理论，他与主张"致良知"学说的王阳明虽各立门户，但是至交好友。

明嘉靖初年，王阳明游南岳，并在文定书院讲学。湛若水本来相约同游，但直到20多年后才来到南岳，此时他已经78岁了。此后，湛若水先后3次游历南岳，可谓"寿翁游寿岳，其乐无穷"。

湛若水第二次游南岳时，看中了紫云峰下一片风光独秀之地。此处群山环绕，清溪涓流，后山青松翠竹，曲径通幽，幽深处有迷人的紫云洞。

湛若水对衡阳情有独钟，原因在于南岳和石鼓书院是他心中传播和研究理学的圣地。湛若水先后5次

王大韶 字心雪，晚年自号衡岳野樵，明湖广衡阳人。青少年时期求学于石鼓书院，曾从师湛若水、蔡汝楠研习阳明理学，系蔡氏所称"朱陵六凤"之一。学识渊博，博古通今，致仕后曾主讲石鼓书院。

仿古代儿童学习场景

到石鼓书院讲学,传播心学,湖湘学子慕名而至,极大地推动了心学对理学的变革。

石鼓书院作为全国的学术中心,不但湛若水对它青睐有加,王阳明的弟子也对书院非常重视。1531年,王阳明的弟子邹守益慕名而来,讲学石鼓书院,阐述"致良知"的思想,从学者蜂拥而至。

邹守益,号东廓,江西邹氏,是江南极负盛名的名门望族,四代人中有7名进士,1名解元,5名举人,1名贡元。其中,以邹守益最为著名。他认为,教育是人后天赖以长进的最根本的途径,他把王阳明的"致良知"学说作为道德教育的根本,并对"致良知"作了充分发挥。

嘉靖中期,邹守益讲学石鼓,著《教言》25篇,对识性、求实、时习、笃行、慎独、戒惧、格物、致知等作了精辟的阐述,成为诸生向学的至理名言。四方从游者踵至,被诸生尊为书院"山斗"。邹守益自己还创办了东廓书院。

"王湛之学"作为明代中叶的盛学,两派虽各立宗旨,但其门人弟子并没有太多的门户之见,王学门人可以卒业于湛学,湛学弟子可以受业于王学,王、湛二学结成了秦晋之好,这在我国学派林立的学术史上值得称道。

石鼓书院以及甘泉、白沙、东廓等书院，作为"王湛之学"最重要的传播平台之一，众多一流的学术大师交相辉映，一时名重天下，形成南宋之后的又一个鼎盛高峰。

1549年，知府蔡汝楠以书院为朱熹、张栻、湛若水、邹守益"过氏之地"，乃重整书院，订立规约，以学文敦行、辨声慎习、等伦常、识仁体训士，刊《说经札记》《衡汀间辨》《太极问答》等，"忘倦"达4年。同时，他还请赵贞吉、皮鹿门等"海内名公"讲学其中，诸士环听，"宛然一邹鲁洙泗之风也。"

1612年，巡抚记事，观察邓云霄大修书院，以"铸士陶昆"、建有讲堂、敬义堂、回澜堂、大规模、仰高楼、砥柱中流坊、棂星门、风雩、沧浪、禹碑、合江诸亭，其他"殿祠号舍，罔不完葺"，规模极一时之盛。1642年，提学高世泰又对石鼓书院进行修葺。青年时的王船山更是多次写诗词颂扬石鼓书院。

明朝末年，学风兴盛的石鼓书院再次毁于兵火。

阅读链接

《国朝石鼓志》载，1172年殿试，石鼓书院登进士第的就有王居仁、邓友龙、邓友龄3人。1551年壬子乡试中，石鼓书院诸生李孟彰、王大韶、谭汝赓、徐应南、彭良臣、陶宾6人中举，史称"朱陵六凤"。

明末王船山、李国相、夏汝弼、管嗣裘、邹统鲁等高风亮节、博学多才者也出自石鼓书院。1880年庚辰会试，石鼓书院的祝松云、谭鑫振、杨依斗、陈鼎4人同中进士，其中1人殿试点探花，1人朝考选庶常。石鼓书院可谓人才辈出，"各领风骚数百年"。

发展成讲学式书院的楷模

到了1657年，桂王的永历政权内部发生矛盾，清世祖命经略大臣洪承畴率所部相机进取，洪承畴将石鼓书院当作军事指挥所。同年，偏沅巡抚袁廓宇上奏清廷，申请重建石鼓书院。

此时，山上建有合江亭、禹王碑、武侯祠、大观楼、会讲堂、忠节祠、七贤祠等建筑。其中，禹王碑上刻有奇特的古篆文，字分9行，共77字。因字体奇古，似蜷身蝌蚪，难以破译。传说碑文记述和歌颂了大禹治水的丰功伟绩。

1668年，知府张奇勋扩建石鼓书院。1689年，知府崔鸣再次扩建。清代书院实行科举化，石鼓书院成为传授举业、培养科举人才之地。石鼓书院的山长大都颇有名望，如旷敏本和林学易都是衡山县人，均为进士出身，都是石鼓书院历史上很有作为的山长。

旷敏本23岁中秀才。1723年，他被学使黎致远赏识，选拔为贡生。翌年被举贡进京入国子监肄业，候选知县，随即被考选充任景山内廷教习。在为人做幕客的数年中，他并未忘记功名进取，于1729年

■ 石鼓书院孔子塑像

考中举人。3年后,他又考中乾隆丙辰进士,并被选入翰林院为庶吉士。

1754年,湖南巡抚礼聘他出任长沙岳麓书院山长。3年后,他又遭母丧,于是离职还乡守丧。此后,他便长期住在南岳老家,专心从事读书著作,后出任石鼓书院山长,因学问精湛,出类拔萃,备受时人称颂,士子争以出其门下为幸。

林学易于1754年中进士,官至翰林院检讨,丁忧归家,不复出。1761年,他被聘为石鼓书院山长,连续执掌书院达15年之久。他是书院历史上较有成就的山长之一。

除任职石鼓书院外,林学易还先后在衡阳莲湖、衡山集贤、湘潭昭潭、永州群玉诸书院任职,其"品行、学问、文章为当时所钦"。

经略大臣 又称经略安抚使、安抚使、经略使、宣慰使、宣抚使等,是我国古代的官名。唐代边疆地区设"经略使者","观察使者"还兼经略使,宋代沿边大将都兼"经略",此后大多经略安抚使统管军民。明代只称"经略"而不称"经略使",官阶比总督略高。清代经略大臣在封疆将帅中居第一位,官阶一般为正二品或从一品。

古代学生蜡像

　　石鼓书院的末代山长为曾熙，字季子，又字嗣元，晚年自号农髯。曾熙出身贫寒，两岁丧父，靠母亲为人缝补浆洗，艰难度日。他的外舅时常接济，并启蒙他识字。曾熙自幼聪慧，刻苦勤奋，故里一直都流传着"囊萤照读"的故事。

　　曾熙8岁能吟诗赋对，为人代写春联，在邻里周边有"神童"之誉。他20岁中秀才，31岁中举，43岁殿试中进士，官至兵部主事，兼任提学使，弼德院顾问。

　　1894年，甲午战争爆发，曾熙"投笔从戎"，抗击外敌入侵。在《马关条约》签订前夕，他积极参与康有为发起的"公车上书"，遭到清政府的排斥。

　　于是，曾熙转为"教育救国"，先后两次应湖南当局聘请，回湘主讲衡阳石鼓书院、汉寿龙池书院，并担任湖南教育学会会长、湖南南路优级师范学堂监督，被誉为"南学津梁"。

　　石鼓书院成为湖湘地区引人瞩目的儒学传播基地，并进一步发展成为我国古代"讲学式"书院的楷模，对湖湘文化的演变和发展作出了突出的贡献。

清乾隆衡阳县令陶易写有《石鼓书院》一诗，描绘了"英才荟萃"的景象，诗曰：

> 旷代儒风喜未颜，一时讲院尽英才。
> 双流环绕宫墙肃，乔木阴森士气培。
> 祀典已崇新俎豆，诗篇长焕旧亭台。
> 自今游履休嫌忧，绿竹西溪一经开。

1880年庚辰会试，石鼓书院的祝松云、谭鑫振、杨依斗、陈鼎4人同中进士。像这样的栋梁之材，还有清代的中兴名臣彭玉麟、衡阳第一个传胪彭述等，他们均有所作为。

彭玉麟，字雪琴，号退省庵主人、吟香外史。他在就读于衡州府城石鼓书院时：

> 旧袍敝冠、三餐不继，然介然自守，未尝有饥寒之叹。

而此时，他的弟弟彭玉麒则尚未成年就跟别人去远方学做生意，多年不通音讯。面对窘境，彭玉麟只得放弃学业，在军营中谋了一份文书的职业，聊以奉养寡母。

然而，美玉始终不同于砾石，在这期间，彭玉麟遇上了生命中的第一

彭玉麟铜像

位伯乐，就是衡州的知府高人鉴。一个偶然的机会，高人鉴在军营中看到了彭玉麟写的一份文书，对他的文才与书法大加赞赏，于是招揽为门下弟子。自此以后，彭玉麟的人生路途才算顺畅了许多。

后来，一场轰轰烈烈的太平天国起义，把衡湘一群优秀知识分子推上了历史的前台。

清末，彭玉麟担任水师统帅，湘军首领，人称雪帅。他与曾国藩、左宗棠并称大清三杰，与曾国藩、左宗棠、胡林翼并称大清"中兴四大名臣"，湘军水师创建者、中国近代海军奠基人。官至两江总督兼南洋通商大臣，兵部尚书。

1853年9月至次年正月，曾国藩在衡州组建湘军水师，石鼓书院附近的水面成为中国近代海军的摇篮。

1902年，石鼓书院改为衡阳官立中学堂，1904年再改为湖南南路师范学堂。

后来，石鼓书院相继改为"衡郡女子职业学校"和"湖南省立第三师范学校"。因石鼓山地形狭小，无法满足新型学校要求，学校迁移，书院便成为游览、祈祀的名胜之地。

阅读链接

明代时，被石鼓书院尊为"山斗"的邹守益是心学大师王守仁的高足。王守仁，字伯安，浙江绍兴府余姚县人，因曾筑室于会稽山阳明洞，自号阳明子，学者称之为阳明先生，亦称王阳明。他是明代著名的思想家、文学家、哲学家和军事家，陆王心学之集大成者，精通儒家、道家、佛家。王守仁的学说思想王学（阳明学），是明代影响最大的哲学思想。其学术思想传至日本、朝鲜半岛以及东南亚，立德、立言于一身，成就冠绝古今。

千年书声 应天书院

应天书院,即应天府书院,又称睢阳书院,其前身为南都学舍,为五代后晋时的商丘人杨悫创办,位于河南商丘古城南湖畔,为中国古代著名的四大书院之一。

北宋初书院多设于山林胜地,唯应天书院设于繁华闹市,而且人才辈出。随着晏殊、范仲淹等的加入,应天书院逐渐发展为北宋最具影响力的书院,是古代书院中唯一升级为国子监的书院,被尊为北宋四大书院之首。

杨悫与戚同文建南都学舍

那是在唐末五代后晋时期，由于连年战乱，官学遭到破坏，庠生失教，中原地区开始出现一批私人创办的书院。

930年，河南商丘虞城有一位名叫杨悫的学者，他"力学勤志，

古代教学场景

不求闻达"，聚徒讲学，创办了"南都学舍"，旨在振兴教育，这一善举得到了归德将军赵直的支持。

南都学舍创建后，在杨悫的努力下，办学成绩显著，培养出了一批人才，名儒戚同文便是其中的一位。

戚同文，字文约（一作文均），北宋宋州楚丘人。戚同文出身于儒学世家，自幼父母俱丧，随祖母就养于外曾祖父家，过着寄人篱下的孤苦生活。戚同文侍奉祖母，以孝闻名。祖母去世后，他昼夜哀泣，数日不食，乡里邻人深受感动。

■戚同文画像

戚同文听说当地名儒杨悫设馆教授学生，于是便来到学舍，恳求入舍学习。杨悫见其意挚诚，于是就教他读《礼记》。戚同文聪慧过人，又异常勤奋，结果不到一年的时间，就能背诵四书五经了。杨悫见他聪慧过人，将来必有大才，于是便将自己的胞妹许配给他为妻。

时值后晋末年，天下大乱，戚同文立志不去做官，但他却希望国家早日统一。杨悫常鼓励他去做官，但是戚同文却说："长者不仕，同文亦不仕。"

杨悫依附于将军赵直家，赵直患重病，不能起床，于是便将家事托付给戚同文，同文处理得井井有

《礼记》 我国古代一部重要的典章制度书籍，儒家经典著作之一。该书编定是西汉戴圣对秦汉以前各种礼仪著作加以辑录，编纂而成，共49篇。《礼记》大约是战国末年或秦汉之际儒家学者托名孔子答问的著作。

■ 古代学习雕塑

条。赵直器重同文的为人,对他厚加礼遇,为他兴建学校,招收门徒。

由于戚同文学问渊博,精通五经,执教有方,使得私学声名鹊起,四方学子负笈茹辛,"不远千里"而至,"远近学者皆归之"。

961年,北宋建立。由于朝廷急需人才,当年2月就开科取士。没想到该书院就出了8位进士。一时间,书院声名鹊起,人才辈出,名扬四海,有"七榜五十六"之美称。

戚同文品学兼优,为人淳厚朴实,崇尚信义,遇人有丧事便尽力帮助,宗族、邻里贫困无法生活的他便去周济。冬天,他常将自己的棉衣送给身寒无衣的人们。他不蓄积财产,不营建居室,主张"人生以行义为贵,何必去积财呢?"因此深得乡人的推崇。

私学 产生于春秋时期,以孔子私学规模最大,影响最深。发轫于春秋中叶,勃兴于战国中期。元代,私学继续得以蓬勃发展,社学、庙学等特殊私学呈现繁荣景象。明清时期的私学表现出与前代不同的特点,除蒙学之外,高级私学的发展也呈兴旺之势。

遇有不孝父母、不友爱兄弟的人，他便教以做人为善的道理。他善于识人，与他交往的都是当时的名士，且乐意听人的善事，从不说人的短处。

戚同文贫贱不屈、刻苦好学、教诲无倦的精神，亦成为应天书院的学风和师风。

976年，戚同文去世，虽受赠礼部侍郎，但南都学舍的日常教学却一度中断。宋真宗即位后，宋州升为应天府。应天府民曹诚曾为南都学舍的学生，他对老师聚徒讲学的情景十分怀念，于是"以金300万"，在府城中戚同文私学旧舍建屋150间。并邀请戚同文之孙戚舜宾主持书院。

戚舜宾继承祖业，办学勤勉，"制为学规，课试讲肄，莫不有法"，"博延生徒，讲习甚盛"，使得书院声名远播。

1009年，曹诚将所建学舍和书籍全部入官，受到真宗皇帝的嘉许，下诏表彰，并御赐书院匾额"应天府书院"。同年2月24日，一块金光闪闪的真宗皇帝御赐的院额送抵应天府学舍。

从此，应天书院影响日增，成为北宋初期全国四大书院之一。

> **阅读链接**
>
> 戚舜宾是戚同文的孙子，戚纶的儿子，为当时的提举。据宋代张方平《乐全集》介绍："尚书司勋员外郎同判，刑部戚舜宾，奕世名儒，并见史牒，孝悌着于家，行义称于乡，该涉艺文，留心经术。自祥符初被诏管勾应天府书院，切摩诲诱诸生，多至成就，至今孜孜不倦。"

范仲淹执教书院的影响

989年的夏天,在徐州武宁军节度掌书记的家中,诞生了一个男孩,父亲给他取名为范仲淹,字希文。

范仲淹2岁时,父亲亡故。母子回苏州,贫无所依,于是母亲改适平江推官朱文翰,范仲淹随后改名"朱说"。

范仲淹画像

朱文翰后迁官开封,母子遂返山东。从此,范仲淹受尽童年之苦。待他年纪稍长后,继父让他学习商贾技艺,但是他皆不喜欢,唯愿读书。

由于社会和家庭的压力,范仲淹学习非常刻苦。他在澧泉寺读书3年,其间朱家败落,不久朱文翰辞世,谢氏从此承担了全部家庭负担。

■ 古人殿试图

范仲淹长大以后,知道了自己的身世,十分伤感,于是哭着告别母亲,前往应天府读书。在书院里,范仲淹刻苦学习,备尝艰辛。他"昼夜不息,冬月惫甚,以水沃面;食不给,至以糜粥继之。人不能堪,仲淹不苦也"。史有成语"划粥断齑"即源于此。

当时,范仲淹写有《睢阳学舍书怀》一诗,诗云:

白云无赖帝乡遥,汉苑谁人奏洞箫!
多难未应歌凤鸟,薄才犹可赋鹪鹩。
瓢思颜子心还乐,琴遇钟君恨即销;
但使斯文天未丧,涧松何必怨山苗。

此诗记述了范仲淹初来应天府的心境,诗中虽然流露出些许幽怨的情绪,却充满了乐观与自信。

从1011年开始,范仲淹在书院熬过了5年的苦读生涯。

推官 我国古代官名,唐朝始置,节度使、观察使、团练使、防御使、采访处置使下皆设一员,其位次于判官、掌书记,掌推勾狱讼之事。五清初沿时制,于各府设推官及挂衔推官。顺治三年罢挂职衔推官。康熙六年废除。

粮料院 我国古代官署名。宋初承唐制，有都粮料使，先以三司大将担任，宋太祖时改用文臣。宋太宗太平兴国五年分立诸司粮料院、马军粮料院与步军粮料院，后并马、步军为一院，掌文武百官与诸军俸料。南宋粮料院与登闻检院、登闻鼓院、进奏院、官诰院、审计院合称六院，因六院长官常转为御史，故号称察官之储。

1012年，范仲淹提前参加御试未中，3年之后，范仲淹重整旗鼓再次参加御试，并以礼部第一，中乙科97名，荣登"蔡齐"榜，受到真宗皇帝的礼待并赐御宴。

范仲淹进士及第后，首任安徽广德司理参军三年，遂迁亳州集庆军推官。在谯郡从事3年后，又迁任西溪盐仓、晋兴化县令、楚州粮料院共4年。虽官职仅为九品县令，但他却将其学到的尧舜之道、治国方略，皆尽其力地为百姓谋福，为国家尽忠。在广德，他"日抱具狱与太守争是非"，"贫止一马，鬻马而归"。

1017年，范仲淹在亳州任上复范姓，此时与杨日严"甚乎神交"，"独栖难安"地为民兴利。在西溪，他立志为盐民解除潮患，修复捍海堰堤，开辟了泰、海、楚、通4州、8郡10余县180里的水利工程，动员

■ 古代学子雕塑

了4万多民工并亲自总役工程的进程。

捍海堰堤工程未完，范仲淹复迁楚州粮料院。还未上任，突然传来"母丧应天府"的噩耗。他不得不去官，守丧应天府。第二次长居应天府达3年之久。

与范仲淹同榜进士，此时任应天府知府的蔡齐，新任留守原枢密副使晏殊，均知范仲淹在应天府守丧。当晏殊见到应天书院缺少良师时，便邀聘范仲淹主持应天书院。

■ 范仲淹坐姿铜像

范仲淹"不以一心之戚，而忘天下之忧"，毅然带丧主持应天书院。在执教期间，范仲淹精通《六经》，长于《易》，学者多从质问。"为执经讲解，亡所倦。尝推其俸以食四方游士"。"日于府学之中观书肆业，敦劝徒众；讲习艺文，不出户庭；独守贫素，儒者之行实有可称"。"公尝宿学中，训导学者皆有法度，勤劳恭谨以身先之"。范仲淹诲人不倦、为人师表的操行令人赞叹。

当时在任的著名讲书还有王洙和稽颖等人，他们博学多才，教学有志，授徒有方，成绩卓著。

范仲淹因出身贫寒，所以对贫寒之士关爱有加。山东泰山有学生孙复在入学前，从山东来应天府向范仲淹求助，他解囊相助，赠钱一千缗。

过了一年，孙复又来求助，范仲淹又赠一千缗。

晏殊（991~1055），字同叔，著名词人、诗人、散文家，北宋抚州府临川城人，是抚州籍第一个宰相。晏殊与其第七子晏几道，在当时北宋词坛上，被称为"大晏"和"小晏"。晏殊以词著于文坛，尤擅长小令，有《珠玉词》130余首，风格含蓄婉丽，更多地表现诗酒生活和悠闲情致，颇受南唐词人冯延巳的影响，与欧阳修并称"晏欧"。

■ 应天书院全景图

范仲淹看他不像乞客，问他为何年年来，"汲汲于道路而误了学业。"

孙复戚然动色说："母老无以养活，若日得百钱，则甘旨足矣。"范仲淹说："补子为学职，月可得三千，以供养。子能安于学乎？"孙复大喜，随之笃学不舍昼夜，行复修谨，范仲淹很喜欢他。

后来，范仲淹服满复职，孙复去应举。景祐元年，孙复第四次科举落第，通过郓城举子士建中介绍，孙复认识了石介。石介在泰山筑室，邀孙复去讲学，并与张洞等执弟子礼师事孙复。

孙复居泰山8年，主要从事经学的研究与讲学，撰写了《易说》64篇、《春秋尊王发微》12卷等著作，声名渐显于世。

1042年，在范仲淹、石介等人的推荐下，孙复以布衣超拜，任秘书省校书郎、国子监直讲。他与石介

孙复（992~1057），因长期居泰山讲学，人称"泰山先生"。又与胡瑗、石介，人称"宋初三先生"。他们还是北宋理学的先导人物。同时，孙复还是一位卓越的教育家。嘉祐二年卒于家。宋仁宗赐钱治丧，欧阳修为之撰墓志铭。

一起，积极支持范仲淹等人的"复古劝学"主张，在太学实施举人应考须有听书日限及扩大太学录取人数等措施，使得学生人数骤增，北宋太学从此而兴。

孙复辛勤于治学，研究周、孔之道，先是追求科举与功名，后是研究学问与讲学，故而在40岁时尚未成婚。时任宰相李迪，深知孙复人品、学问俱佳，将其侄女嫁给了他。

李迪是宋真宗、仁宗时有名的大臣，地位、政绩显赫，为人处世亦很正派，他将侄女下嫁孙复，增其贤名，而世人则由此更知孙复之贤，孙复之学及其为人很快传闻于天下。

孔子的后裔孔道辅，时为龙图阁待制，很有声望，亦前来拜见孙复。当拜见时，石介就立侍孙复的左右，举行礼仪时，升降拜则扶持着，往谢孔道辅时亦然。

孙复所主持的泰山书院一时盛况空前，成为当时

校书郎 古代的官名，负责校雠典籍，订正讹误。东汉时，征召学士至兰台或东观宫中藏书处校勘典籍，其职为郎中者，则称之为校书郎中，亦称为校书郎；三国魏秘书省始置校书郎，其职是司校勘宫中所藏典籍诸事。唐朝时秘书省与弘文馆都设置，宋属秘书省，金元时属秘书监，明清时废此官职。

■ 商丘古城墙

龙图阁 宋代阁名，宋真宗纪念宋太宗的专门宫殿。真宗咸平初建，在会庆殿西偏。收藏太宗御书、御制文集、各种典籍、图画、宝瑞之物，以及宗正寺所进宗室名籍、谱牒等。又先后置待制、直学士、直阁等官。北宋包拯曾任龙图阁直学士，故民间戏曲小说中以"包龙图"称之。

的一个学术活动中心。

孙复盛名在外，引起范仲淹、富弼等当朝一些大臣的关注，被任命为秘书省校书郎、国子监直讲。

由此，范仲淹不禁感慨地说，贫困实在是一种可怕的灾难，倘若孙复一直乞讨到老，这杰出的人才岂不湮没沉沦了！

范仲淹执教时，更是整饬院风、学风。首先是尊师重道的院风。范仲淹躬亲示范，他对晏殊的荐举之恩始终以门生师之，同时对博学的老师极力挽留。一代名儒王洙在应天书院教授期满，范仲淹代留守晏殊上书宋仁宗，留王洙继续在书院讲学。

在范仲淹的影响下，学生们更加注意严谨治学，对经学研究多求本意，少涉及注疏。

应天书院在范仲淹的主持下，成为全国四大书院

■ 商丘古城楼

■ 范仲淹蜡像

之一，从范仲淹的《南京书院题名记》中可见一斑：

……风乎四方，士也如狂，望兮梁园，归于鲁堂。章甫如星，缝掖如云；讲议乎经，咏思乎文。经以明道，若太阳之御六合焉；文以通理，若四时之妙万物焉。诚以日至，义以日精。聚学为海，则九河我吞，百谷我尊；淬词为锋，则浮云我决、良玉我切……至于通《易》之神明，得《诗》之风化；洞《春秋》褒贬之法，达《礼乐》制作之情；善言二帝三王之书，博涉九流百家之说……观夫二十年间，相继登科，而魁甲英雄，仪羽台阁，盖翩翩焉，未见其止。宜观名列，以劝方来，登斯缀者，不负国家之乐育，不孤师门之礼教……抑又使天下庠序规此而兴，济济群髦，成底于道。则皇家

富弼（1004～1083），字彦国，洛阳人。1030年以茂才异等科及第，历任知县、签书河阳节度判官厅公事、通判绛州、郓州，召为开封府推官、知谏院，知制诰、枢密副使、知郓州、青州、枢密使，晋封"郑国公"，并且出判亳州。

■ 古人放榜图

三五之风，步武可到，戚门之光，亦无穷已……

晏殊在写给朝廷的《举范仲淹状》里，称范仲淹"独守贫素儒者之行，实有可称"，并且要求朝廷加以重用。

1028年冬天，范仲淹因办学成绩卓著，被提拔到中央任秘阁校理，离开应天府。

范仲淹在应天书院主持执教仅3年时间，却为北宋兴学树立了光辉榜样，"天下庠序，视此而兴"其影响绵绵数代。

1035年，应天书院改为府学，并获学田10顷。1043年，应天书院又升府学为南京国子监。到了1502年，黄河泛滥，归德府城淤积地下，应天书院也随之

秘阁 宋朝官名，北宋宋太宗年间，在崇文院中堂建阁，称秘阁，收藏三馆书籍真本及宫廷古画墨迹等，有直秘阁、秘阁校理等官。元丰改制，并归秘书省。

被埋。

1511年,知州杨泰有在旧城北筑新城。同年,知州周冕继修,始告竣工,归德府迁入新城,就是现在的商丘古城,应天书院也随迁往城内。后知州刘信在这里建大门和仪门各3间,建大成殿、明伦堂各5间,左右斋房各60间。大成殿内立有孔子及其弟子的牌位,为祭孔之地。明伦堂为学堂,是学子应试之地。

1531年,明巡按御史蔡瑷将知州在商丘城西北隅建的社学改建,沿用旧名称"应天书院"。但是不久,宰相张居正于1579下令拆毁天下所有书院,应天书院也未能逃过此劫。

1601年,归德知府郑三俊重建"范文正公讲院"于归德府学东。他效法范仲淹的精神,亲自执书讲学,一时培养了许多杰出人才,诸如官至户部尚书的

> **御史** 我国古代官名。先秦时期,天子、诸侯、大夫、邑宰皆置,是负责记录的史官、秘书官。国君御史,自秦朝开始,御史专门为监察性质的官职。三国时,曹魏于殿中省置殿中侍御史,西晋,有督运御史、符节御史、检校御史等。隋唐改检校御史为监察御史,明清,专设监察御史,隶都察院。

■ 古代学堂内景

古代学堂老师

侯恂，南京国子监祭酒侯恪，兵部侍郎叶廷桂、练国事等，皆为郑氏赏拔。他们颇有范仲淹刚正不阿，崇志向、尚气节的精神，为官多著清声。

明代中后期，睢阳没于黄河，城址北迁，原讲院故址已无存。明亡清立。

1651年，重新恢复范文正公讲院，侯方域撰有《重修书院碑记》。

1674年，知府闵子奇又修书院，请来名师执教，"下帷讲学，有醇儒之风，学者翕然宗之"。康熙二十年，知县赵申桥将义学扩建，题名为"应天书院"。

1748年，知府陈锡格重修应天书院。1901年，朝廷废科举，兴学校，诏令各省的书院改为大学堂，各府、厅、直隶州的书院改为中学堂，各州县的书院改为小学堂。

1905年8月，范文正公讲院改为"归德府中学堂"。至此，应天书院完成了其历史使命。

阅读链接

1014年，宋真宗驾临应天府。同年正月二十九，升应天府为南京，改圣祖殿为鸿庆殿，并赐宴三日。

应天书院的学生倾巢而出，前往观看，唯独范仲淹仍在书院内读书。有同学问他，为何错失良机不去看看？

他回答说："异日见之未晚。"可见范仲淹在应天书院求学时顽强的毅力与远大的抱负。